CHRISTMAS DINNER

CHRISTMAS DINNER

MENÜS ZUM FEST

Mit großem AROMEN-FEUERWERK zu SILVESTER

EIN BUCH DER
EDITION MICHAEL FISCHER

INHALT

MENÜ AUS DEM MEER

VEGETARISCHES WEIHNACHTEN

VEGANES MENÜ

MENÜ FÜR GROSS & KLEIN

CHRISTMAS BRUNCH

VEGETARISCHES CHRISTMAS FINGERFOOD

EDLES SILVESTERMENÜ

GRÜNES SILVESTER

SILVESTER QUICK AND EASY

VORWORT

Im Winter scheint die Zeit still zu stehen, alles Graue verschwindet unter einer weißen Schneedecke, und wir machen es uns drinnen mit unseren Liebsten gemütlich. Besonders in der Weihnachtszeit liegt ein Zauber in der Luft, und alle freuen sich auf die Feiertage, die besinnliche Zeit und das köstliche Essen. Doch zur Vorweihnachtszeit scheint auch der alljährliche Stress rund um Geschenke und Vorbereitungen für die Festtage zu gehören. Auch die Überlegungen zum Weihnachtsmenü bringen den einen oder anderen ins Schwitzen, weil Vorlieben und Traditionen berücksichtigt werden wollen. Für mich sind der Advent und die Weihnachtstage eine besonders intensive und emotionale Zeit, die von innigen Momenten mit Familie und Freunden geprägt ist. Ich liebe diese Stimmung sehr und versuche, sie jedes Jahr besonders besinnlich zu zelebrieren. Doch gelingt es auch mir nicht immer, den Stress außen vor zu lassen. Schließlich möchte man seinen Liebsten gerade an den Festtagen etwas Leckeres und vor allem Neues bieten.

Darum habe ich mir köstliche, moderne und neu interpretierte Festtagsmenüs ausgedacht, mit den leckersten Zutaten und Gewürzen, die der Winter zu bieten hat. Mit ihnen könnt ihr voller Vorfreude und ohne Stress euer ganz eigenes Christmas Dinner planen. Ihr findet in diesem Buch Menüs für Fleischliebhaber, Vegetarier, Veganer, Fischliebhaber, Traditionalisten und Experimentierfreudige. Es gibt darüber hinaus köstliche Ideen für einen gemütlichen Brunch oder ein modernes Fingerfood-Buffet. Schnell vorzubereitende Menüs sind ebenso zu finden wie etwas zeitaufwendigere Rezepte – so findet jeder sein passendes Menü.

Für alle Kurzentschlossenen oder diejenigen, die an Weihnachten sogar arbeiten müssen, habe ich mir ein schnelles, aber nicht weniger köstliches Menü ausgedacht. Den Auftakt macht ein Baby-Spinat-Salat mit Rucola, karamellisierten Walnüssen, Beeren, Granatapfelkernen, Physalis, Feta und Cranberrydressing. Der Hauptgang ist easy, aber dennoch festtagstauglich: Linguine alla carbonara werden mit Thymian, Orangenschale und Pancetta-Brot-Bröseln zu einem edlen und modernen Gericht. In Glühwein pochierte Birnenhälften mit kandierten Nüssen, Cantuccinibröseln und Mascarponesahne runden das schnelle Menü ab und machen Gastgeber und Gäste glücklich. Zum Anstoßen und zur Begleitung des Menüs ist ein Pink Gin mit Rosmarin-Zuckerrand eine tolle Wahl.

Eine festliche Stimmung und viele genussvolle Momente garantiert die Auswahl an köstlichen Rezepten für das edle Weihnachtsmenü. Die cremige Pastinakensuppe mit Rosmarin-Vanille-Garnelen und Blätterteig-Grissini ist ein feierlicher Auftakt für einen besinnlichen Weihnachtsabend. Mit einer erfrischenden Orangen-Kardamom-Granita kommt schon die Vorfreude auf den Hauptgang auf. Hier wird ein zartes Rinderfilet von cremigem Maronen-Kartoffelpüree begleitet. Eine köstliche Portweinsauce und Rosmarin-Pistazien-Krokant runden den Gang ab. Schneeweiß und weihnachtlich kommt zum krönenden Abschluss eine Pavlova auf den Tisch, mit kandierten Früchten und würzig-fruchtigem Rosmarin-Orangen-Sirup. Als begleitenden Drink gibt es einen Sherry-Cocktail mit karamellisierten Mandarinen – ein edles Weihnachtsmenü für ein rauschendes Fest.

Das waren nur zwei Beispiele aus einer bunten Vielfalt von Menüs. Habt ihr schon Lust bekommen, Familie und Freunde zu Weihnachten einzuladen? In diesem Buch findet ihr eine große Auswahl an köstlichen und außergewöhnlichen Rezepten voll aufregender Aromen. Denn ebenso wie in meinen anderen Kochbüchern habe ich auch hier einen Schwerpunkt auf spannende Kombinationen von Gewürzen, Kräutern und Früchten gelegt.

Natürlich könnt ihr die einzelnen Gänge nach Lust und Laune austauschen und neu kombinieren. Ich gebe euch Tipps, was gut zusammenpasst. Damit ihr beim Eintreffen der Gäste ganz entspannt seid, findet ihr am Ende jedes Menüs eine Übersicht über die nötigen Vorbereitungen. Sie sagt euch, wann ihr mit welchem Schritt beginnen könnt. So habt ihr genau im Blick, wie ihr alles organisieren könnt, und es bleibt euch genug Zeit für das Wesentliche – die Weihnachtszeit und die Zeit mit euren Gästen zu genießen. Und weil zum krönenden Abschluss eines jeden Jahres auch eine fulminant-köstliche Silvesterparty gehört, habe ich mir auch hierfür ein paar tolle Menüs ausgedacht.

Wenn ich an die Adventszeit und die Weihnachtsfeiertage denke, dann habe ich immer ein ganz besinnliches, nostalgisches Bild davon im Kopf. Ich wünsche mir für euch und mich, dass diese Vorstellung mithilfe meiner Menüs und der Tipps für das perfekte Timing wahr wird: Draußen schneit es dicke, wattige Schneeflocken. Du bist im Warmen, hinter dir prasselt leise knackend das Kaminfeuer, und du bist mit den letzten Vorbereitungen für das Weihnachtsmenü beschäftigt. Da klingelt es. Voller Vorfreude öffnest du die Tür und draußen stehen, in Mütze und Schal warm eingepackt, deine Liebsten, mit denen du wunderschöne, gemütliche und besinnliche Stunden verbringen wirst. Sofort erfüllt Lachen den Raum, eine ganz besondere Stimmung breitet sich aus. Alle umarmen sich, küssen sich, es wird viel gelacht und erzählt. Irgendjemand öffnet mit einem lauten Korkenknall den ersten Champagner. Gläser werden eingeschenkt und die letzten Vorbereitungen gemütlich vollendet. Kinderaugen leuchten und erblicken voller Vorfreude den geschmückten und nach Tannennadeln duftenden Weihnachtsbaum. Aus der Küche kommen herrlich weihnachtliche Düfte von Lebkuchen, Orange, Zimt und Nüssen. Die ersten Kleinigkeiten werden schon vernascht. Die letzten Handgriffe für das Weihnachtsmenü erledigen alle zusammen, und dann sitzen endlich alle an einer langen, von Kerzenschein erleuchteten Tafel, genießen die leckersten Köstlichkeiten und feiern bis in die frühen Morgenstunden das Leben ...

Ich wünsche euch und euren Liebsten eine wundervolle, stressfreie, gemütliche und köstliche Weihnachtszeit, die wunderschöne Erinnerungen schafft, und einen ebenso großartigen Start in ein neues Jahr.

Eure Katharina

EDLES WEIHNACHTSMENÜ

Wenn an Weihnachten die Familie zusammenkommt und alle gemeinsam an einem Tisch sitzen, ist das ein ganz besinnlicher Moment. Mach dir und deiner Familie mit diesem Menü eine besondere Freude – festliche Stimmung, glitzernde Augen und jede Menge Genussmomente sind mit diesen köstlichen Gerichten garantiert. Die cremige Pastinakensuppe mit Garnelenspieß und Knusperstangen ist ein wunderbarer Einstieg in den festlichen Abend. Die Granita erfrischt und macht Lust auf den Hauptgang. Hier thront ein köstliches Rinderfilet auf cremigem Püree und bringt allerlei Köstlichkeiten mit. Den krönenden Abschluss bildet die gefüllte Pavlova mit kandierten Früchten und würzig-fruchtigem Sirup. Ein edles Weihnachtsmenü für ein rauschendes Fest.

Zubereitungszeit ca. 4 Stunden für das komplette Menü

VORSPEISE

Cremige Pastinakensuppe mit Rosmaringarnelen und Grissini

ZWISCHENGANG

Orangen-Kardamom-Granita

HAUPTGANG

Rindermedaillons auf Maronen-Kartoffelpüree mit Wurzelgemüse und Krokant

DESSERT

Pavlova mit Zitrusfrüchten und Rosmarin-Orangen-Sirup

GETRÄNK

Sherry-Cocktail mit karamellisierten Mandarinen

CREMIGE PASTINAKENSUPPE MIT ROSMARINGARNELEN UND GRISSINI

FÜR 4 PERSONEN

FÜR DIE SUPPE

800 g Pastinaken

2 TL Butter

400 g Sahne

1 l Gemüsebrühe

Salz

frisch gemahlener schwarzer Pfeffer

FÜR DIE GRISSINI

100 g Blätterteig

Meersalz

¼ TL frisch gemahlener schwarzer Pfeffer

1 TL schwarzer Sesam

FÜR DIE GARNELEN

12 Garnelen (mit Schale, Darm entfernt)

4 Zweige Rosmarin

1 TL Kokosöl

Meersalz

½ Vanilleschote

Den Ofen auf 180 °C Ober-/Unterhitze vorheizen. Ein Backblech mit Backpapier belegen.

Für die Suppe die Pastinaken schälen, den oberen Strunkansatz entfernen und die Pastinaken in grobe Würfel schneiden. Die Butter in einem Topf zerlassen und die Pastinakenwürfel darin leicht andünsten, bis sie etwas Farbe annehmen. Mit der Sahne und der Brühe ablöschen und offen etwa 20 Minuten köcheln lassen, bis die Pastinaken weich sind.

In der Zwischenzeit für die Grissini den Blätterteig mit einem gewellten Teigrad in 1 cm schmale und etwa 10 cm lange Streifen schneiden. Die Streifen mit etwas Abstand auf das Backblech legen und mit ein wenig Wasser bepinseln. Dann mit ¼ TL Meersalz, Pfeffer und dem schwarzen Sesam bestreuen. Im vorgeheizten Ofen (Mitte) 5–8 Minuten backen, bis die Grissini goldgelb sind. Wenn sie nicht innerhalb der nächsten 2 Stunden verzehrt werden, bis zur weiteren Verwendung in einem luftdichten Behälter aufbewahren, damit sie knusprig bleiben.

Die Garnelen waschen, trocken tupfen und mithilfe eines Schaschlikspießes ein Loch in die Mitte jeder Garnele bohren. Jeweils 3 Garnelen auf 1 Rosmarinzweig spießen. Das Öl in einer Pfanne erhitzen und die Garnelenspieße darin bei mittlerer Hitze von jeder Seite etwa 2 Minuten anbraten. Dann mit 1 Msp. Salz würzen. Das Mark der Vanilleschote auskratzen und hinzugeben. Die Garnelen noch mal kurz im Gewürzöl wenden.

Kurz vor dem Servieren die Pastinakensuppe mit einem Stabmixer pürieren und mit etwas Salz und Pfeffer abschmecken. In Schalen füllen und mit den Garnelenspießen und den Blätterteig-Grissini servieren.

ORANGEN-KARDAMOM-GRANITA

FÜR 4 PERSONEN

80 g Zucker

4 Kardamomkapseln

3 Orangen

Den Zucker mit 210 ml Wasser in einen Topf geben. Die Kardamomkapseln mit einem schweren Gegenstand leicht andrücken, sodass die Schale aufplatzt, und ebenfalls in den Topf geben. Alles bei mittlerer Hitze erwärmen und sanft köcheln lassen, bis sich der Zucker aufgelöst hat. Den Sirup im Topf auskühlen lassen und durch ein Sieb abseihen.

Die Orangen auspressen. Das sollte etwa 250 ml Saft ergeben. Den Sirup mit dem Saft mischen, in eine flache Form füllen und ins Gefrierfach stellen.

Nach 2 Stunden die Granita mit einer Gabel durchrühren, die Eiskristalle dabei gut durchmischen. Weitere 3 Stunden gefrieren lassen. Wieder mit einer Gabel bearbeiten, dabei mit den Zinken über die gefrorene Masse kratzen, bis sie locker und körnig ist.

Die Granita erst unmittelbar vor dem Servieren in die Gläser füllen.

Die Granita kann auch längere Zeit eingefroren bleiben. Wenn die Masse wieder zu fest geworden ist, einfach noch einmal mit einer Gabel auflockern.

Rind | Marone | Wurzelgemüse | Portwein | Sternanis | Zimt | Pistazie | Rosmarin

RINDERMEDAILLONS AUF MARONEN-KARTOFFELPÜREE MIT WURZELGEMÜSE UND KROKANT

FÜR 4 PERSONEN

FÜR DIE PORTWEINSAUCE

600 ml Portwein

120 g Zucker

2 Zimtstangen

4 Sternanis

¼ TL frisch gemahlener schwarzer Pfeffer

FÜR DAS WURZELGEMÜSE

600 g gemischtes Wurzelgemüse (z. B. kleine Möhren, Pastinaken, Petersilienwurzel, Rote Bete)

2 EL Sonnenblumenöl

Meersalz

2 EL Ahornsirup

FÜR DIE MEDAILLONS

4 Rinderfiletmedaillons (à 150 g, ca. 5 cm dick)

Meersalz

frisch gemahlener schwarzer Pfeffer

Für die Sauce den Portwein mit dem Zucker und den Gewürzen in einen Topf geben und bei niedriger Hitze 30 Minuten reduzieren.

Den Ofen auf 180 °C Ober-/Unterhitze vorheizen und ein Backblech mit Backpapier belegen. Das Rinderfilet aus dem Kühlschrank nehmen, damit es vor dem Braten Zimmertemperatur annehmen kann.

Nun das Wurzelgemüse vorbereiten. Dafür das Gemüse putzen, schälen und je nach Größe halbieren oder in Viertel schneiden. Das Öl mit ½ TL Salz und dem Ahornsirup verrühren und das Gemüse darin wenden, bis es rundherum mit Öl überzogen ist. Dann auf dem Backblech ausbreiten und im vorgeheizten Ofen (unten) etwa 25 Minuten garen. Anschließend bei 120 °C warm halten.

Kurz vor Ende der Garzeit die leere Auflaufform ebenfalls in den Ofen schieben. Die Medaillons mit einem Küchengarn rund binden, damit sie eine perfekte Form bekommen. In einer heißen Pfanne ohne Fett von allen Seiten scharf anbraten. Die Filets dann in die gewärmte Auflaufform geben und zum Gemüse in den 120 °C warmen Ofen (Mitte) schieben. Etwa 30 Minuten garen und zwischendurch immer wieder wenden, damit sich der Fleischsaft gut verteilt.

Weiter geht's auf der nächsten Seite.

FÜR DAS MARONEN-KARTOFFELPÜREE

1,2 kg mehlig kochende Kartoffeln

210 g Butter

200 g Sahne

Meersalz

1 Msp. frisch geriebene Muskatnuss

frisch gemahlener weißer Pfeffer

260 g gegarte Maronen

2 EL Ahornsirup

FÜR DEN KROKANT

2 EL Pistazienkerne

1 Zweig Rosmarin

20 g Puderzucker

AUSSERDEM

Auflaufform (ca. 25 x 20 cm)

Küchengarn

In der Zwischenzeit für das Maronen-Kartoffelpüree die Kartoffeln schälen und würfeln. In Salzwasser etwa 20 Minuten kochen, bis sie weich sind.

Während die Kartoffeln garen, für den Krokant die Pistazien grob hacken. Den Rosmarin waschen, trocken schütteln und die Nadeln abzupfen. Den Puderzucker in einer Pfanne bei mittlerer Hitze karamellisieren. Die Pistazien hinzugeben, kurz umrühren, dann den Rosmarin hinzufügen. Abkühlen lassen.

Die gekochten Kartoffelwürfel in ein Sieb gießen und gut abtropfen und ausdampfen lassen. Mit einem Kartoffelstampfer zu feinem Püree verarbeiten, dabei 200 g Butter unterziehen, dann die Sahne erhitzen und ebenfalls unter das Püree heben. Das Püree mit 1 TL Meersalz, Muskatnuss und weißem Pfeffer abschmecken.

Die Maronen grob hacken. Die verbliebene Butter (10 g) bei niedriger Hitze in einer Pfanne zerlassen und die Maronen darin sanft anrösten. Mit Ahornsirup karamellisieren und anschließend unter das Püree heben.

Zum Servieren das Maronen-Kartoffelpüree auf einen Teller geben und mit dem Wurzelgemüse anrichten. Die Fäden von den Rindermedaillons entfernen und das Fleisch mit Salz und Pfeffer würzen, dann auf das Püree setzen. Mit Portweinsauce beträufeln und mit dem Pistazien-Rosmarin-Krokant garnieren.

PAVLOVA MIT ZITRUSFRÜCHTEN UND ROSMARIN-ORANGEN-SIRUP

FÜR 4–6 PERSONEN

FÜR DIE PAVLOVA

6 Eiweiß (Zimmertemperatur)

320 g Zucker

1 Vanilleschote

1 ½ TL Maisstärke

Salz

FÜR DEN SIRUP

2 kleine Orangen

100 g Zucker

1 EL Rosmarinnadeln

FÜR DIE KANDIERTEN ZITRUSFRÜCHTE

1 kleine Bio-Blutorange

1 Bio-Mandarine

FÜR DIE MASCARPONESAHNE

300 g Sahne

½ Vanilleschote

30 g Zucker

180 g Mascarpone

1 Zweig Rosmarin

2 EL getrocknete Cranberrys

Den Ofen auf 100 °C Ober-/Unterhitze vorheizen.

Für die Pavlova die Eiweiße mit dem Handrührgerät steif schlagen. Anschließend den Zucker einrieseln lassen und dabei bei hoher Geschwindigkeit weiterschlagen, bis sich der Zucker gut mit dem Eiweiß verbunden hat. Das Mark aus der Vanilleschote herauskratzen. Vanillemark, Maisstärke und ½ TL Salz zum Eiweiß geben und 5 Minuten weiterschlagen, bis das Eiweiß glänzt.

Ein Backblech mit Backpapier belegen und mit einem Kuchenspatel das Eiweiß zu einer Pavlova formen. Dazu das Eiweiß in einem Kreis von etwa 15 cm Durchmesser und 10–15 cm Höhe auf das Backblech geben, dabei nach oben hin schmaler werden, sodass das Eiweiß wie ein Vulkan aussieht. In der Mitte eine Vertiefung formen. Die Seiten mit dem Spatel verzieren. Die Pavlova im vorgeheizten Ofen (unten) etwa 1 Stunde 30 Minuten backen. Anschließend den Ofen ausschalten, die Ofentür einen Spalt öffnen – eventuell einen Kochlöffelstiel einklemmen – und die Pavlova eine weitere Stunde trocknen lassen. Herausnehmen und vollständig auskühlen lassen.

In der Zwischenzeit für den Sirup die Orangen auspressen. 100 ml Saft mit dem Zucker in einen Topf geben und mit dem Rosmarin bei niedriger Hitze 20 Minuten einköcheln lassen. Den Sirup abseihen und abkühlen lassen.

Für die kandierten Zitrusfrüchte die Blutorange und die Mandarine waschen und in etwa 0,5 cm dicke Scheiben schneiden. Vorsichtig in den Sirup tunken, abtropfen lassen und auf einem mit Backpapier belegten Blech verteilen. Im Ofen oberhalb der Pavlova etwa 20–25 Minuten karamellisieren lassen. Herausnehmen, auskühlen lassen und auf Backpapier bis zur weiteren Verwendung beiseitestellen.

Für die Mascarponesahne die Sahne in einen hohen Becher geben. Das Mark aus der Vanilleschote herauskratzen, mit dem Zucker zur Sahne geben und die Sahne steif schlagen. Die Mascarpone glatt rühren und die Sahne vorsichtig unterheben. Im Kühlschrank aufbewahren. Den Rosmarinzweig waschen, trocken tupfen und die Nadeln abzupfen.

Die ausgekühlte Pavlova vorsichtig auf eine Tortenplatte setzen und mit der Mascarponesahne füllen. Mit den kandierten Zitrusfrüchten, Cranberrys und Rosmarinnadeln dekorieren und mit dem restlichen Sirup beträufeln.

SHERRY-COCKTAIL MIT KARAMELLISIERTEN MANDARINEN

FÜR 4 PERSONEN

1 Mandarine

1 Orange

4 EL Rohrzucker

250 ml dry Sherry

5 Zimtstangen

0,75 l Prosecco (eisgekühlt)

Mandarine und Orange halbieren und die Schnittflächen mit dem Zucker bestreuen. Eine Pfanne erhitzen und die Früchte mit der gezuckerten Schnittfläche nach unten hineingeben. Bei mittlerer Hitze mehrere Minuten karamellisieren, dabei immer wieder mal anheben und prüfen, damit die Flächen nicht anbrennen. Dann 130 ml Sherry angießen, 1 Zimtstange hinzufügen und 1 Minute sanft köcheln lassen. Den Sirup anschließend in der Pfanne auskühlen lassen und bis zur weiteren Verwendung kühl stellen.

Zum Servieren den Sirup auf 4 Gläser verteilen, mit dem restlichen Sherry (120 ml) aufgießen und mit kaltem Prosecco auffüllen. Jedes Glas mit einer Zimtstange garnieren.

FÜR EIN PERFEKTES TIMING

EDLES WEIHNACHTSMENÜ

Cremige Pastinakensuppe mit Rosmaringarnelen und Grissini, S. 12

Orangen-Kardamom-Granita, S. 14

Rindermedaillons auf Maronen-Kartoffelpüree mit Wurzelgemüse und Krokant, S. 16

Pavlova mit Zitrusfrüchten und Rosmarin-Orangen-Sirup, S. 20

Sherry-Cocktail mit karamellisierten Mandarinen, S. 22

MENÜ-VARIATIONEN

Statt der Orangen-Kardamom-Granita könnt ihr als Zwischengang auch gut den Fenchelsalat mit Orange, Granatapfel und Pistazien-Petersilien-Creme (siehe S. 166) aus dem Menü Grünes Silvester servieren. Er ist ebenso leicht wie edel und passt durch die fruchtigen Aromen von Orange und Granatapfel wundervoll zum Rest des Menüs.

HÖCHSTENS 1 WOCHE VORHER

- Für den Zwischengang die Orangen-Kardamom-Granita zubereiten und im Gefrierfach aufbewahren.
- Den Sirup für den Sherry-Cocktail zubereiten und kühl stellen.
- Den Rosmarin-Orangen-Sirup für das Dessert zubereiten und in einem Glasgefäß aufbewahren.

AM VORTAG

- Den Prosecco für den Drink kühl stellen.
- Die kandierten Blutorangen und die Mandarinen für das Dessert zubereiten.

AM FESTTAG MORGENS

- Die Pastinakensuppe zubereiten und kühl stellen.
- Die Blätterteig-Grissini zur Suppe zubereiten und in einem luftdichten Behälter aufbewahren, damit sie knusprig bleiben.
- Für den Hauptgang die Portweinsauce zubereiten.
- Die Pavlova für das Dessert zubereiten und vollständig auskühlen lassen. Bis zur Verwendung kühl, aber nicht im Kühlschrank lagern.
- Für den Hauptgang den Krokant zubereiten, vollständig abkühlen lassen und dann bis zur Verwendung in einem luftdichten Behälter aufbewahren, damit er schön knusprig bleibt.
- Den Rosmaringarnelen-Spieß vorbereiten, jedoch noch nicht braten. Im Kühlschrank aufbewahren und kurz vor dem Anbraten herausnehmen.

1–2 STUNDEN VORHER

- Die Mascarponefüllung für die Pavlova zubereiten und die Pavlova füllen.
- Das Maronen-Kartoffelpüree zubereiten.
- Für den Hauptgang das Wurzelgemüse zubereiten.
- Die Rindermedaillons mit Garn rund binden, im Kühlschrank aufbewahren und 20 Minuten vor dem Anbraten herausnehmen.

À LA MINUTE

- Wenn die Gäste kommen: Den Sherry-Cocktail fertigstellen und servieren.
- Spätestens jetzt die Rindermedaillons aus dem Kühlschrank nehmen.
- Nach dem Drink: Die Pastinakensuppe erhitzen.
- Während die Suppe erwärmt wird: Die Rindermedaillons anbraten, dann zum Gemüse in den Ofen geben und weitergaren, während Vorspeise und Zwischengang serviert werden.
- Für die Vorspeise die Garnelenspieße braten.
- Die Vorspeise (Suppe, Garnelen, Grissini) servieren.
- Den Zwischengang (Granita) servieren.
- Für den Hauptang das Maronen-Kartoffelpüree erwärmen, die Portweinsauce erhitzen.
- Wenn das Fleisch gar ist, den Hauptgang anrichten (Püree, Wurzelgemüse, Rindermedaillons, Krokant) und servieren.
- Das Dessert anrichten (Pavlova, Mascarponesahne, kandierte Blutorangen, Mandarinen, Cranberrys, Rosmarinnadeln und Orangen-Rosmarin-Sirup) und servieren.

SCHNELLES WEIHNACHTSMENÜ

So besinnlich und wunderschön Weihnachten ist – nicht immer hat man Zeit, ein aufwendiges Menü vorzubereiten. Mit diesen Gerichten könnt ihr den Weihnachtszauber ohne großen Aufwand genießen. Alles ist flink gemacht, und die pochierten Birnen kann man wunderbar im Voraus zubereiten. Ein herrlicher Salat mit Beeren, allerlei Früchten, Nüssen und Feta stimmt euch auf ein wundervolles Weihnachtsmenü ein. Die Linguine alla carbonara sind ein Klassiker und bekommen hier eine ganz besonders edle Note. Den Abschluss bilden pochierte pinke Birnen mit einer köstlichen Creme und jeder Menge Knusper. Genuss garantiert.

Zubereitungszeit ca. 1 ½ Stunden für das komplette Menü

VORSPEISE

Grüner Salat mit Walnüssen, Beeren, Feta und Cranberrydressing

HAUPTGANG

Linguine alla carbonara mit Orange und Pancetta-Brot-Bröseln

DESSERT

Glühweinbirnen mit Cantuccini-Bröseln und Mascarponesahne

GETRÄNK

Pink Gin mit Rosmarin-Zuckerrand

GRÜNER SALAT MIT WALNÜSSEN, BEEREN, FETA UND CRANBERRY-DRESSING

FÜR 4 PERSONEN

FÜR DIE KARAMELLISIERTEN WALNÜSSE

150 g Walnusskerne

3 EL Rohrzucker

1 Prise gemahlener Zimt

Salz

FÜR DAS DRESSING

75 g Cranberrys

270 ml Orangensaft

¼ TL gemahlener Zimt

¼ TL frisch gemahlener schwarzer Pfeffer

Salz

FÜR DEN SALAT

200 g Salat (gemischt, z. B. Baby-Spinat, Rucola, Baby-Mangold u.a.)

125 g Heidelbeeren

200 g Feta

½ Granatapfel

1 Handvoll Physalis

Die Walnusskerne in einer Pfanne ohne Fett rösten. Zucker mit 1 kleinen Schuss Wasser hinzufügen und karamellisieren lassen, dabei nicht mehr rühren, bis der Zucker geschmolzen ist. Mit dem Zimt und 1 Prise Salz würzen.

Für das Dressing die Cranberrys mit 50 ml Orangensaft in einen Topf geben und 2–3 Minuten sanft köcheln lassen. Mit dem Rest des Orangensaftes (220 ml) in einen hohen Becher geben und mit dem Stabmixer sehr fein pürieren, dann mit Zimt, Pfeffer und 1 Prise Salz abschmecken.

Für den Salat die Salatmischung verlesen, waschen und trocken schleudern. Die Heidelbeeren waschen und trocken tupfen, den Feta mit den Händen grob zerbröseln. Die Kerne des Granatapfels vorsichtig auslösen.

Zum Anrichten den Salat in eine große Schale geben und mit den karamellisierten Walnüssen, Heidelbeeren und Feta mischen. Die Blätter der Physalis öffnen und leicht umklappen. Die Physalis waschen. Den Salat mit dem Dressing beträufeln und mit Physalis garnieren.

LINGUINE ALLA CARBONARA MIT ORANGE UND PANCETTA-BROT-BRÖSELN

FÜR 4 PERSONEN

FÜR DIE PANCETTA-BROT-BRÖSEL

240 g Pancetta (ital. Bauchspeck)

160 g Weißbrot

4 Knoblauchzehen

1 Bund Thymian

Salz

FÜR DIE SAUCE

500 g Linguine

2 große Bio-Orangen

800 g Sahne

4 Eigelb

4 EL fein geriebener Parmesan, plus etwas mehr zum Servieren

2 TL frisch gemahlener schwarzer Pfeffer

Meersalz

Die Pancetta in einer Pfanne bei mittlerer Hitze von beiden Seiten knusprig braten, herausheben und zum Auskühlen beiseitestellen. Das Weißbrot mit den Händen mittelfein zerbröseln und im Pancettafett rösten. Den Knoblauch schälen und in feine Scheiben schneiden. Zu den Brot-Bröseln in die Pfanne geben und sanft mitrösten. Den Thymian waschen, trocken schütteln und die Blättchen von den Stielen zupfen. Die Hälfte der Blättchen zu den Brot-Bröseln geben. Anschließend alles mit 1 Prise Salz abschmecken.

Die abgekühlte Pancetta grob zerbröseln oder hacken und mit den gewürzten Brot-Bröseln mischen.

Die Linguine in kräftig gesalzenem Wasser sehr al dente kochen.

In der Zwischenzeit für die Sauce die Orangen waschen und die Schale fein abreiben. Die Sahne mit den Eigelben verquirlen und mit Parmesan, Pfeffer und 1 TL Salz würzen. Gut durchrühren.

Die Nudeln abgießen und tropfnass in den Topf zurückgeben. Die Sahnemischung zu den Nudeln geben und die Sauce unter ständigem Rühren bei niedriger Hitze andicken lassen.

Zum Servieren die Orangenschale und den Rest der Thymianblättchen unterrühren. Die Nudeln sofort auf Tellern anrichten und mit den Pancetta-Brot-Bröseln anrichten.

GLÜHWEINBIRNEN MIT CANTUCCINI-BRÖSELN UND MASCARPONESAHNE

FÜR 4 PERSONEN

FÜR DIE POCHIERTEN BIRNEN

2 kleine Birnen (fest)

1,5 l Rotwein (trocken)

2 Vanilleschoten

2 Zimtstangen

2 TL Lebkuchengewürz

200 g Zucker

1 Hibiskusblüte (getrocknet)

FÜR DIE KANDIERTEN NÜSSE

40 g gemischte Nusskerne

2 EL Zucker

¼ TL gemahlener Zimt

FÜR DIE MASCARPONESAHNE

1 Vanilleschote

300 g Sahne

60 g Zucker

100 g Mascarpone

4 Cantuccini

Für die pochierten Birnen zunächst die Früchte waschen und der Länge nach halbieren. Mit einem Löffel das Kerngehäuse entfernen. Den Rotwein in einen großen Topf geben und die Birnenhälften vorsichtig hineinlegen. Die Vanilleschoten der Länge nach halbieren und das Mark mit dem Messerrücken herauskratzen. Vanillemark und -schoten in den Topf geben. Zimtstangen, Lebkuchengewürz, Zucker und Hibiskusblüte hinzufügen und die Birnenhälften in dem gewürzten Wein etwa 30 Minuten ziehen lassen, bis sie weich sind. Von dem gewürzten Wein 100 ml abnehmen, in einen kleinen Topf geben und offen bei hoher Hitze einköcheln lassen, bis der Wein leicht dickflüssig wird. Die pochierten Birnen im Sud bis zur weiteren Verwendung kühl stellen.

Die Nusskerne grob hacken und in einer Pfanne ohne Fett rösten. Den Zucker mit einem kleinen Schuss Wasser hinzufügen und karamellisieren lassen. Anschließend mit Zimt würzen.

Für die Mascarponesahne das Mark der Vanilleschote herauskratzen und die Sahne mit dem Vanillemark steif schlagen, dabei den Zucker einrieseln lassen. Die Mascarpone glatt rühren und die Sahne vorsichtig unterheben. Die Cantuccini grob zerbröseln.

Zum Anrichten die Mascarponesahne auf Teller verteilen. Die pochierten Birnen aus dem Sud nehmen, kurz abtropfen lassen und auf die Mascarponesahne setzen. Mit den kandierten Nüssen, der Glühweinreduktion und den Cantuccini-Böseln anrichten.

PINK GIN MIT ROSMARIN-ZUCKERRAND

FÜR 4 PERSONEN

FÜR DEN ZUCKERRAND

2 Zweige Rosmarin

120 g Zucker

½ Zitrone

FÜR DEN PINK GIN

120 ml Gin

120 ml Aperol (eisgekühlt)

500 ml Grapefruitsaft (eisgekühlt)

12 Eiswürfel

4 Zweige Rosmarin

Für den Zuckerrand den Rosmarin waschen, trocken schütteln und die Nadeln von den Stielen zupfen, sehr fein hacken und mit dem Zucker mischen.

Erst kurz vor dem Servieren des Drinks die Gläser mit dem Zuckerrand verzieren. Dazu die Zitrone auspressen, den Saft auf einen kleinen Teller geben, sodass er 1–2 mm hochsteht. Den Rosmarinzucker auf einen zweiten kleinen Teller geben. Ein Glas zunächst umgedreht auf den Teller mit Zitronensaft stellen, sodass der Rand befeuchtet wird. Dann in den Rosmarinzucker drücken und dabei leicht drehen. Mit allen Gläsern so verfahren.

Für die Drinks den Gin mit Aperol und Grapefruitsaft mischen.

Zum Servieren die Eiswürfel auf die Gläser verteilen und den Drink eingießen. Die Rosmarinzweige waschen, trocken schütteln und die Drinks damit garnieren.

FÜR EIN PERFEKTES TIMING

SCHNELLES WEIHNACHTSMENÜ

Grüner Salat mit Walnüssen, Beeren, Feta und Cranberrydressing, S. 28

Linguine alla carbonara mit Orange und Pancetta-Brot-Bröseln, S. 30

Glühweinbirnen mit Cantuccini-Bröseln und Mascarponesahne, S. 32

Pink Gin mit Rosmarin-Zuckerrand, S. 34

MENÜ-VARIATIONEN

Wer es schnell mag, aber dennoch kein Fleischliebhaber ist, kann den Hauptgang durch das Pastagericht aus dem Menü Silvester quick and easy austauschen. Die Pasta mit Trüffelsahne, Riesengarnelen, Salbei und Pecorino (siehe S. 184) macht unendlich glücklich und begeistert sicher alle Gäste.

AM VORTAG

- Für das Dessert die in Glühwein pochierten Birnen zubereiten und anschließend im Sud kühl stellen.
- Die Glühweinreduktion für das Dessert zubereiten und kühl stellen.
- Eiswürfel für den Begrüßungsdrink vorbereiten.
- Aperol und Saft für den Drink kühl stellen.

AM FESTTAG

- Die karamellisierten Walnüsse für die Vorspeise zubereiten und luftdicht verschlossen aufbewahren, damit sie knusprig bleiben.
- Die kandierten Nüsse für das Dessert zubereiten und luftdicht verschlossen aufbewahren.

1–2 STUNDEN VORHER

- Das Cranberrydressing für den Salat zubereiten und kühl stellen.
- Die Mascarponesahne für das Dessert zubereiten und im Kühlschrank aufbewahren.
- Die Cantuccini für das Dessert zerbröseln.
- Den Salat für die Vorspeise waschen und trocken schleudern, die Heidelbeeren und die Physalis waschen und trocken tupfen, die Granatapfelkerne auslösen und alles kühl stellen.
- Die Pancetta-Brot-Brösel zubereiten und luftdicht verschlossen aufbewahren, damit sie knusprig bleiben.

À LA MINUTE

- Kurz bevor die Gäste kommen: Den Rosmarin-Zuckerrand für den Drink vorbereiten.
- Wenn die Gäste da sind: Den Drink mischen und mit den Eiswürfeln in die mit Zuckerrand verzierten Gläser geben.
- Die pochierten Birnen für das Dessert aus dem Kühlschrank nehmen, damit sie langsam Zimmertemperatur annehmen.
- Für die Vorspeise den Feta zerbröseln.
- Die Vorspeise anrichten (Salat, Beeren, karamellisierte Walnüsse, Granatapfelkerne, Physalis, Feta und Cranberrydressing).
- Den Hauptgang (Linguine mit Sauce) zubereiten und mit Thymian, Orange, Pancetta-Brot-Brösel servieren.
- Das Dessert anrichten (Mascarponesahne, Birnen, kandierte Nüsse, Glühweinreduktion, Cantuccini-Brösel) und servieren.

MENÜ FÜR FLEISCHLIEBHABER

Mit Weihnachten verbinden viele ein reichhaltiges Menü mit edlem Fleisch. Ich habe für euch eine neue Interpretation eines solchen Weihnachtsessens. Die Vorspeise ist fein, leicht und dennoch herzhaft: Rindertatar mit einer tollen Parmesancreme und einem knusprigen Parmesan-Chip. Im zweiten Gang schmiegt sich geschmortes Rind an köstlich gefüllte Nudeln. Für den Hauptgang wird Schweinelende mit Aprikosen-Thymian-Konfitüre bestrichen und mit Bacon umwickelt. Köstlich dazu schmecken die Knödel und der scharfe Rotkohl-Slaw. Nach diesen Gängen passt die süße Tonkabohnen-Pannacotta perfekt: Mit Glühweinpflaumen und Spekulatiusbröseln ist sie eine Sünde wert.

Zubereitungszeit ca. 4 Stunden für das gesamte Menü

VORSPEISE

Rindertatar mit Parmesancreme und Parmesan-Petersilien-Chip

ZWISCHENGANG

Süßkartoffelravioli mit geschmortem Rind und Orangen-Gremolata

HAUPTGANG

Schweinelende mit Aprikosen-Thymian-Konfitüre, Knödeln und Rotkohl-Slaw

DESSERT

Tonkabohnen-Pannacotta mit Glühweinpflaumen und Spekulatiusbröseln

GETRÄNK

Orangen-Granatapfel-Bourbon mit Rosé Prosecco

RINDERTATAR MIT PARMESANCREME UND PARMESAN-PETERSILIEN-CHIP

FÜR 4 PERSONEN

FÜR DIE CHIPS

20 g Parmesan

¼ TL rosenscharfes Paprikapulver

4 Blättchen Petersilie

FÜR DIE PARMESANCREME

50 g Parmesan

190 g Joghurt

10 g scharfer Senf

2 EL Essig

Salz

FÜR DAS RINDERTATAR

300 g sehr frisches Rinderfilet

2 EL Kapern

¼ Bund glatte Petersilie

1 Bio-Zitrone

Cayennepfeffer

Salz

frisch gemahlener schwarzer Pfeffer

1 EL Olivenöl

Den Ofen auf 200 °C Ober-/Unterhitze vorheizen und ein Backblech mit Backpapier belegen.

Für die Parmesan-Petersilien-Chips den Parmesan fein reiben, mit dem Paprikapulver mischen und 4 kleine Häufchen mit großem Abstand auf das Backpapier geben. Mit den Fingern sanft platt drücken und zu Kreisen formen. Im vorgeheizten Ofen (Mitte) 2 Minuten backen, herausnehmen, die Petersilienblätter in die Chips drücken und weitere 2 Minuten im Ofen backen, bis die Chips goldgelb sind. Auskühlen lassen. Luftdicht verschlossen aufbewahren.

Für die Parmesancreme den Parmesan fein reiben. Den Joghurt mit Senf, Essig und Parmesan in einen Messbecher geben und mit dem Stabmixer zu einer feinen Creme mixen. Mit 1 Prise Salz würzen.

Für das Tatar das Rinderfilet in sehr feine Würfelchen schneiden. Die Kapern grob hacken. Die Petersilie waschen, trocken tupfen und fein hacken. Die Zitronenschale fein abreiben. Kapern, Petersilie und Zitronenschale unter das Rinderfilet mischen. Mit 1 Prise Cayennepfeffer sowie Salz und Pfeffer nach Belieben würzen. Mit dem Olivenöl beträufeln.

Die Parmesancreme auf Teller verteilen, das Tatar daraufgeben und mit den Parmesan-Petersilien-Chips garnieren.

Rind | Five Spice | Süßkartoffel | Curry | Ingwer | Frühlingszwiebel | Chili | Orange

SÜSSKARTOFFELRAVIOLI MIT GESCHMORTEM RIND UND ORANGEN-GREMOLATA

FÜR 4 PERSONEN

FÜR DAS FLEISCH

450 g Roastbeef

1 TL Öl

3 TL schwarze Bohnenpaste (aus dem Asienladen)

600 ml Brühe

3 TL Fünf-Gewürze-Pulver

FÜR DEN RAVIOLITEIG

100 g Hartweizengrieß

100 g Mehl (Type 405)

2 TL Currypulver

2 EL Butter

FÜR DIE FÜLLUNG

150 g Süßkartoffel

¼ TL Currypulver

¼ TL Chili-Paprika-Flocken

Salz

15 g frischer Ingwer

1 Frühlingszwiebel

Für das geschmorte Rind das Fleisch in mundgerechte Würfel schneiden. Das Öl in einem Topf erhitzen und das Fleisch darin bei starker Hitze von allen Seiten scharf anbraten. Die Bohnenpaste unterrühren, Brühe und Fünf-Gewürze-Pulver hinzufügen. Die Temperatur reduzieren und alles abgedeckt bei niedriger Hitze etwa 2 Stunden köcheln lassen, bis die Fleischwürfel ganz zart sind und fast zerfallen. Den Deckel abnehmen und die Flüssigkeit etwa 5 Minuten einköcheln lassen, bis die Sauce angedickt ist.

In der Zwischenzeit für den Nudelteig Grieß, Mehl und Currypulver in einer Schüssel mischen und 100 ml Wasser hinzufügen. Zu einem glatten elastischen Teig kneten. Den Teig in Frischhaltefolie wickeln und im Kühlschrank 1 Stunde ruhen lassen.

Für die Füllung die Süßkartoffel schälen und fein würfeln. In Salzwasser 5–10 Minuten weich kochen, dann abgießen, gut ausdampfen lassen. Die Süßkartoffeln in einen hohen Becher geben und mit dem Stabmixer pürieren. Mit Currypulver, Chili-Paprika-Flocken und 1 Prise Salz würzen. Den Ingwer schälen und fein reiben. Die Frühlingszwiebel zunächst in feine Ringe schneiden und dann hacken. Beides unter das Süßkartoffelpüree rühren.

Eine Arbeitsplatte mit Mehl bestäuben. Den Nudelteig aus dem Kühlschrank nehmen, in 2 Teile teilen und mit einer Nudelmaschine zu zwei langen Bahnen ausrollen. Eine Teigbahn mit Süßkartoffelfüllung belegen. Dazu Portionen von je 1 kleinen TL Füllung mit etwa 6 cm Abstand nebeneinander auf eine Bahn setzen. Mit einem Pinsel etwas Wasser rund um die Füllung auftragen. Die zweite Teigbahn auf die erste legen und um die Füllung herum sorgfältig andrücken. Dann mit einem runden Ausstecher Ravioli ausstechen. Die Ravioli einzeln in die Hand nehmen und die Ränder nochmals andrücken, dabei die letzten Luftbläschen sanft mit Daumen und Zeigefinger herausdrücken. Teigreste kurz durchkneten, erneut ausrollen und ebenfalls wie beschrieben füllen. Insgesamt sollten etwa 20 Ravioli entstehen.

Weiter geht's auf der nächsten Seite.

FÜR DIE GREMOLATA

30 g Toastbrot

2 TL Butter

Salz

½ Bund glatte Petersilie

1 Bio-Orange

AUSSERDEM

Nudelmaschine

runder Ausstecher (ø 6 cm)

Die Ravioli in kräftig gesalzenem Wasser etwa 1–2 Minuten al dente kochen. Sie sind gar, wenn sie an die Wasseroberfläche steigen. Herausnehmen und abtropfen lassen. Einen großen Teller mit Klarsichtfolie belegen und die Ravioli mit etwas Abstand zueinander auf die Folie legen. Mit einer weiteren Folie abdecken und im Kühlschrank aufbewahren.

Für die Gremolata das Toastbrot in etwa 1 cm große Würfel schneiden und in der Butter rundherum knusprig braten. Mit 1 Prise Salz würzen, herausnehmen und leicht auskühlen lassen. Die Petersilie waschen, trocken schleudern und fein hacken, die Orangenschale fein abreiben. Petersilie und Orangenschale unter die Brotwürfel mischen.

Kurz bevor das Fleisch fertig ist, die Butter in einer Pfanne erhitzen, die Ravioli darin schwenken und mit 1 Prise Salz würzen. Die Ravioli und das Fleisch mit der Five-Spice-Reduktion auf Teller verteilen und mit der Orangen-Petersilien-Gremolata garnieren.

SCHWEINELENDE MIT APRIKOSEN-THYMIAN-KONFITÜRE, KNÖDELN UND ROTKOHL-SLAW

FÜR 4 PERSONEN

FÜR DIE KNÖDEL

280 g Toastbrot

250 ml Milch

2 Eier (Größe M)

Meersalz

1 kleine Schalotte

5 ½ TL Butter

1 Bio-Zitrone

FÜR DIE APRIKOSEN-THYMIAN-KONFITÜRE

500 g Aprikosen

4 Zweige Thymian

Saft von 1 Zitrone (siehe Knödel)

250 g Gelierzucker 2 : 1

Das Brot toasten und abkühlen lassen, dann in etwa 2 cm große Würfel schneiden. Die Milch aufkochen, vom Herd nehmen, ein wenig abkühlen lassen und die Eier unterrühren. Mit ½ TL Salz würzen. Die Schalotte schälen, fein würfeln und in ½ TL Butter sanft andünsten. Die Zitronenschale fein abreiben. Den Saft auspressen und für die Konfitüre beiseitestellen. Die Eiermilch über die Toastbrotwürfel geben, Schalottenwürfel und Zitronenschale hinzufügen und durchrühren, aber nicht kneten.

Eine Bahn Alufolie von etwa 40 cm Länge auslegen und mit einer Bahn Klarsichtfolie bedecken. Die Hälfte der Toastbrot-Mischung längs darauf verteilen und mit den Händen zu einer etwa 15–20 cm langen Rolle formen. Zunächst die Klarsichtfolie fest um die Toastbrot-Mischung rollen. Die Alufolie dann ebenfalls um die Rolle legen und die Enden entgegengesetzt zusammenzwirbeln, sodass eine pralle Rolle entsteht. Die gezwirbelten Enden einschlagen. Mit der zweiten Hälfte der Toastbrotmischung ebenso verfahren. Wasser in einem großen Topf zum Sieden bringen. Die beiden Rollen darin etwa 25–30 Minuten gar ziehen lassen, dabei öfter drehen. Dann aus dem Wasser nehmen. Abtropfen lassen, die Knödelrolle aus der Folie befreien und abgedeckt im Kühlschrank aufbewahren.

Die Aprikosen waschen, entsteinen und vierteln. Den Thymian waschen und trocken schütteln. Aprikosen mit dem Zitronensaft und zwei Zweigen Thymian in einen Topf geben und 10 Minuten sanft köcheln lassen. Den Thymian entfernen und die Aprikosen pürieren. Den Gelierzucker hinzufügen und etwa 4 Minuten sprudelnd kochen lassen. Von den restlichen beiden Thymianzweigen die Blättchen abzupfen und unter die Konfitüre rühren.

Weiter geht's auf der nächsten Seite.

FÜR DEN ROTKOHL-SLAW

400 g Rotkohl

1 Bund glatte Petersilie

2 rote Chilischoten

2 Bio-Zitronen

1 Bio-Orange

3 EL Olivenöl

Meersalz

FÜR DIE SCHWEINELENDE

800 g Schweinelende

150 g Bacon

AUSSERDEM

Auflaufform
(ca. 25 x 20 cm)

Für den Rotkohl-Slaw den Rotkohl in sehr dünne Streifen schneiden oder hobeln. Die Petersilie waschen, trocken schütteln und mittelfein hacken. Die Chilischote waschen, entkernen und fein hacken. Die Zitronen- und Orangenschale fein abreiben. Das Olivenöl mit Petersilie, Chili, Zitronen- und Orangenschale unter den Rotkohl rühren. Mit ¼ TL Salz würzen.

Den Ofen auf 200 °C Ober-/Unterhitze vorheizen.

Die Schweinelende rundherum scharf anbraten. Den Bacon auf Frischhaltefolie nebeneinander leicht überlappend auslegen. Mit 3 EL Aprikosen-Thymian-Konfitüre bestreichen. Die gebratene Schweinelende quer auf den Bacon legen und den Bacon um das Fleisch wickeln. In eine Auflaufform geben und im vorgeheizten Ofen auf der obersten Schiene etwa 20 Minuten garen. Anschließend mit Alufolie abdecken und kurz ruhen lassen.

Zum Anrichten die Knödelrollen in Scheiben schneiden und in etwas Butter von beiden Seiten anbraten. Das Fleisch in Scheiben schneiden und mit den Knödeln auf Tellern anrichten. Mit dem Rotkohl-Slaw und der restlichen Konfitüre servieren.

TONKABOHNEN-PANNACOTTA MIT GLÜHWEINPFLAUMEN UND SPEKULATIUSBRÖSELN

FÜR 4 PERSONEN

FÜR DIE TONKABOHNEN-PANNACOTTA

3 Blätter Gelatine

2 Vanilleschoten

½ Tonkabohne

500 g Sahne

170 g Zucker

FÜR DIE GLÜHWEINPFLAUMEN

2 lila Pflaumen

2 TL Butter

70 g Puderzucker

1 Sternanis

4 Pimentkörner

½ TL Lebkuchengewürz

4 EL Rotwein

4 Spekulatius

Für die Pannacotta die Gelatine in Wasser einweichen. Die Vanilleschoten längs halbieren und das Vanillemark herauskratzen. Die Tonkabohne reiben. Die Sahne mit Zucker, Vanillemark und Tonkabohne in einen Topf geben und aufkochen lassen. Die Gelatine ausdrücken und in die heiße Sahne rühren. Gut verrühren und in 4 Gläschen füllen. Über Nacht im Kühlschrank fest werden lassen.

Die Pflaumen waschen und fein würfeln. Mit Butter, Puderzucker, den Gewürzen und dem Rotwein in einen kleinen Topf geben und 10 Minuten sanft köcheln lassen, bis die Konsistenz dickflüssig ist. Abkühlen lassen.

Die Spekulatius in einen Gefrierbeutel geben und beispielsweise mit einem Fleischklopfer zu feinen Bröseln verarbeiten.

Die Glühweinpflaumen auf die Pannacotta geben und mit den Spekulatiusbröseln garnieren.

ORANGEN-GRANATAPFEL-BOURBON MIT ROSÉ PROSECCO

FÜR 4 PERSONEN

120 ml Bourbon

120 ml Orangensaft

140 ml Granatapfelsaft

100 ml Kirschsaft

Eiswürfel

0,75 l Rosé Prosecco (eisgekühlt)

1 Bio-Orange

4 EL Granatapfelkerne

Den Bourbon mit dem Orangensaft, Granatapfelsaft und Kirschsaft mischen und 1 Stunde in den Kühlschrank stellen.

Eiswürfel in Gläser geben, den Orangen-Granatapfel-Bourbon in die Gläser geben und mit kaltem Prosecco aufgießen. Die Orange abwaschen und in Scheiben schneiden. Jedes Glas mit einer Orangenscheibe und einigen Granatapfelkernen garnieren.

FÜR EIN PERFEKTES TIMING

MENÜ FÜR FLEISCHLIEBHABER

Rindertatar mit Parmesancreme und Parmesan-Petersilien-Chip, S. 40

Süßkartoffelravioli mit geschmortem Rind und Orangen-Gremolata, S. 42

Schweinelende mit Aprikosen-Thymian-Konfitüre, Knödeln und Rotkohl-Slaw, S. 46

Tonkabohnen-Pannacotta mit Glühweinpflaumen und Spekulatiusbröseln, S. 50

Orangen-Granatapfel-Bourbon mit Rosé Prosecco, S. 52

MENÜ-VARIATIONEN

Das Menü für Fleischliebhaber besticht durch raffinierte und aromenreiche Zusammenstellungen unterschiedlicher Fleischsorten mit köstlichsten Beilagen. Ihr könnt aus dem Menü auch ganz einfach eine „Variation vom Rind" machen, indem ihr den Hauptgang austauscht. Wunderbar dafür eignet sich zum Beispiel der Hauptgang vom Edlen Weihnachtsmenü, ein Rinderfilet auf cremigem Maronen-Kartoffelpüree mit köstlicher Portweinsauce und Pistazien-Rosmarin-Krokant (siehe S. 16).

AM VORTAG

- Das geschmorte Rind für den Zwischengang zubereiten und im Kühlschrank aufbewahren.
- Die Aprikosen-Thymian-Konfitüre für den Hauptgang zubereiten und kühl stellen.
- Für das Dessert die Tonkabohnen-Pannacotta und die Glühweinpflaumen zubereiten und im Kühlschrank aufbewahren.
- Eiswürfel für den Drink vorbereiten.
- Den Prosecco für den Drink kühl stellen.

AM FESTTAG

- Die Süßkartoffelravioli für den Zwischengang zubereiten, al dente kochen und im Kühlschrank aufbewahren.
- Die Knödel für den Hauptgang zubereiten und im Kühlschrank aufbewahren.
- Den Orangen-Granatapfel-Bourbon zubereiten und im Kühlschrank aufbewahren.

1–2 STUNDEN VORHER

- Die Spekulatius für das Dessert zerbröseln.
- Die Parmesancreme für die Vorspeise zubereiten und im Kühlschrank aufbewahren.
- Die Parmesan-Petersilien-Chips für die Vorspeise zubereiten und luftdicht verschlossen aufbewahren, damit sie knusprig bleiben.
- Den Rotkohl-Slaw für den Hauptgang zubereiten und im Kühlschrank aufbewahren.

KURZ BEVOR DIE GÄSTE KOMMEN

- Das Rindertatar für die Vorspeise zubereiten.
- Die Orangen-Gremolata zubereiten und luftdicht verschlossen aufbewahren.

À LA MINUTE

- Wenn die Gäste da sind: Den Begrüßungsdrink aufgießen und servieren.
- Die Vorspeise (Rindertatar, Parmesancreme, Parmesan-Petersilien-Chip) anrichten und servieren.
- Für den Zwischengang das geschmorte Rind in der Sauce sanft erhitzen.
- Die Süßkartoffelravioli in etwas Butter braten.
- Für den Hauptgang die Schweinelende anbraten und im Ofen garen.
- Den Zwischengang servieren (Süßkartoffel-Ravioli, Rind in Five-Spice-Reduktion, Orangen-Gremolata).
- Für den Hauptgang den Rotkohl-Slaw aus dem Kühlschrank nehmen, damit er sich auf Zimmertemperatur erwärmt.
- Die Knödel in etwas Butter anbraten.
- Den Hauptgang (Schweinelende, Knödel, Rotkohl-Slaw, Konfitüre) anrichten und servieren.
- Das Dessert (Pannacotta, Glühweinpflaumen, Spekulatiusbrösel) anrichten und servieren.

MENÜ AUS DEM MEER

Ein Fischmenü ist eine wunderbar leichte Variante für ein Weihnachtsessen mit der ganzen Familie. Alle werden von den zarten und aromenreichen Gerichten begeistert sein. Das Thunfischtatar ist ein asiatisch inspirierter Einstieg, der auf der Zunge zergeht und Lust auf noch mehr Fisch macht. Ein Shot aus Süßkartoffelsuppe mit herzhaftem Milchschaum, knusprigen Krabbenchips und köstlichen Garnelen mit Orange und Thymian sorgt für tolle Stimmung am Weihnachtstisch. Der klassische Hauptgang mit Zander und zweierlei Pastinakenpüree bekommt einen Knuspereffekt durch die Haselnüsse und macht jeden Fischliebhaber glücklich. Das Bratapfel-Tiramisu im Glas ist ein krönender und würdiger Abschluss für ein so wunderbares Menü.

Zubereitungszeit ca. 3 Stunden für das gesamte Menü

VORSPEISE

Thunfischtatar mit Wasabicreme, Gurkensalat, Limette und Crostini

ZWISCHENGANG

Shot aus Süßkartoffelsuppe mit Krabbenchips und Garnelen

HAUPTGANG

Knusprig gebratener Zander auf zweierlei Pastinakenpüree

DESSERT

Bratapfel-Tiramisu mit kandiertem Ingwer

GETRÄNK

Limoncello Spritz

THUNFISCHTATAR MIT WASABICREME, GURKENSALAT, LIMETTE UND CROSTINI

FÜR 4 PERSONEN

FÜR DEN GURKENSALAT

15 g frischer Ingwer

½ Bund Koriandergrün

1 Bio-Limette

2 EL Schmand

Salz

1 Bio-Salatgurke

FÜR DIE WASABICREME

1 Avocado

3 TL Wasabi

2 TL Zitronensaft

FÜR DIE CROSTINI

etwa 10 cm Baguette (vom Vortag)

2 EL Butter

FÜR DAS THUNFISCHTATAR

2 Bio-Limetten

2 TL Olivenöl

½ TL frisch gemahlener schwarzer Pfeffer

Salz

200 g Thunfisch (Sashimi-Qualität)

AUSSERDEM

Spiralschneider

Für den Gurkensalat den Ingwer schälen und fein reiben. Den Koriander waschen, trocken schütteln und mitsamt den Stielen fein hacken. Die Limette halbieren, eine Hälfte auspressen. Den Schmand mit dem Saft von ½ Limette und ¼ TL Salz verrühren. Die zweite Limettenhälfte in dünne Scheiben schneiden und beiseitestellen. Ingwer und Koriander unter den Schmand heben. Die Gurke waschen, trocken tupfen und mithilfe eines Spiralschneiders in Spiralen schneiden. Abgedeckt beiseitestellen.

Für die Wasabicreme die Avocado halbieren, entkernen, das Fruchtfleisch auslösen und in einen hohen Becher geben. Wasabi und Zitronensaft hinzugeben und mit dem Stabmixer fein pürieren.

Für die Crostini das Brot in hauchdünne Scheiben schneiden und in etwas Butter von beiden Seiten goldgelb rösten.

Für das Thunfischtatar die Limetten waschen und die Schale fein abreiben, den Saft auspressen. Limettensaft und -schale mit Olivenöl, Pfeffer und 1 Prise Salz verrühren. Den Thunfisch in feine Würfelchen schneiden. Unmittelbar vor dem Anrichten mit dem Dressing mischen.

Kurz vor dem Servieren die Gurkenspiralen unter den Schmand heben. Den Gurkensalat auf Tellern anrichten. Das Tatar auf den Gurken platzieren und mit Limettenscheiben, Brotchips und Wasabicreme garnieren.

SHOT AUS SÜSSKARTOFFELSUPPE MIT KRABBENCHIPS UND GARNELEN

FÜR 4 PERSONEN

FÜR DIE SÜSSKARTOFFELSUPPE

600 g Süßkartoffel

80 g frischer Ingwer

250 g Sahne

700 ml Gemüsebrühe

1 TL Currypulver

¼ TL Cayennepfeffer

½ TL gemahlener Zimt

Salz

FÜR DEN PARMESANSCHAUM

20 g Parmesan

140 ml Milch

FÜR DIE GARNELEN

1 Bio-Orange

2 EL Zucker

2–3 Zweige Thymian

4 Riesengarnelen (ohne Schale, Darm entfernt)

2 TL Butter

Meersalz

4 Kropok (Krabbenchips)

AUSSERDEM

Zestenreißer

Für die Süßkartoffelsuppe die Süßkartoffeln schälen, in Würfel schneiden und in einen Topf geben. Den Ingwer schälen und fein hacken. Ingwer, Sahne, Gemüsebrühe, die Gewürze und ½ TL Salz zu den Süßkartoffeln geben und alles 15 Minuten sanft köcheln lassen. Anschließend pürieren.

Für den Parmesanschaum den Parmesan fein reiben. Die Milch mit dem Parmesan sanft erhitzen, bis der Parmesan geschmolzen ist. Warm halten.

Für die Garnelen die Orange waschen, trocken tupfen und die Schale mit einem Zestenreißer abziehen. Die Schale mit dem Zucker und 2 EL Wasser in einem kleinen Topf kandieren. Den Thymian waschen, trocken schütteln und die Blättchen von den Stielen zupfen.

Die Garnelen in etwa 3 cm große Würfel schneiden. Die Butter in der Pfanne zerlassen und die Garnelen darin bei hoher Hitze anbraten. Mit ¼ TL Salz würzen und mit kandierten Orangenzesten und Thymianblättchen vermischen.

Zum Servieren die heiße Suppe in kleine Gläschen füllen. Die Parmesanmilch erhitzen und mit einem schräg gehaltenen Stabmixer aufschäumen. Alternativ geht auch ein Milchschäumer. Den Schaum auf die Gläser verteilen. Auf jedes Glas einen Krabbenchip setzen und die Garnelenwürfel daraufgeben.

KNUSPRIG GEBRATENER ZANDER AUF ZWEIERLEI PASTINAKENPÜREE

FÜR 4 PERSONEN

FÜR DAS PASTINAKENPÜREE

1,2 kg Pastinaken

140 g Butter

Meersalz

1 Msp. frisch geriebene Muskatnuss

1 Bund glatte Petersilie

FÜR DEN ZANDER

40 g Haselnusskerne

600–800 g Zanderfilet (mit Haut)

4 Zweige Thymian

2 EL Butter

4 Knoblauchzehen (ungeschält)

Für das Pastinakenpüree die Pastinaken schälen, würfeln und in Salzwasser etwa 15 Minuten weich kochen. Die Pastinaken abgießen und mit Butter, 1 ½ TL Salz und Muskatnuss pürieren. Die Petersilie waschen und trocken schütteln. Mitsamt den Stielen grob hacken. Die Hälfte des Pürees nochmals mit Petersilie pürieren, bis ein grünes Püree entsteht.

Für den Zander die Haselnusskerne grob hacken und in einer Pfanne ohne Fett rösten, bis sie duften.

Den Zander in 4 Stücke schneiden. Den Thymian waschen und trocken schütteln. Die Butter in einer heißen Pfanne zerlassen und den ungeschälten Knoblauch und Thymian darin bei niedriger Hitze 5 Minuten schwenken. Herausnehmen. Den Zander mit der Hautseite nach unten bei mittlerer Hitze 3–4 Minuten in der Butter braten, bis die Haut kross ist. Wenden und nochmals 1 Minute braten, bis der Fisch gar ist.

Auf jeden Teller zunächst etwas weißes Püree und darauf grünes Püree geben. Je 1 Zanderfilet aufsetzen. Mit Knoblauch, Thymian und gerösteten Haselnüssen garnieren.

Apfel | Zimt | kandierter Ingwer | Mandel | Mascarpone

BRATAPFEL-TIRAMISU MIT KANDIERTEM INGWER

FÜR 4 PERSONEN

200 g Apfel (z. B. Braeburn)
80 g kandierter Ingwer
40 g Mandeln
2 TL Butter
4 EL Zucker
½ TL gemahlener Zimt
550 g Mascarpone
160 g Puderzucker
etwas Kakaopulver (nach Belieben)

Den Apfel waschen und in etwa 2 cm große Würfel schneiden. Den Ingwer fein hacken, die Mandeln hacken. Die Butter in einer Pfanne zerlassen und die Apfelwürfel darin anbraten. Zucker, Zimt, Ingwer, Mandeln und 4 EL Wasser hinzufügen und alles in der Pfanne andünsten.

Die Mascarpone mit dem Puderzucker glatt rühren. In 4 kleine Gläschen abwechselnd Mascarponecreme und Bratapfelwürfel schichten. Nach Belieben mit Kakaopulver bestäuben.

LIMONCELLO SPRITZ

FÜR 4 PERSONEN

150 ml Limoncello

200 ml Tonic Water (eisgekühlt)

400 ml Prosecco (eisgekühlt)

150 ml Mineralwasser (eisgekühlt)

15 Eiswürfel

1 Bio-Limette (alternativ Bio-Zitrone)

Den Limoncello mit Tonic Water, Prosecco und Mineralwasser sowie 7 Eiswürfeln gut verrühren. Die Limette oder Zitrone in Scheiben schneiden. In jedes Glas 2 Eiswürfel geben, den Drink durch ein Sieb eingießen und nach Belieben mit Limette oder Zitrone garnieren.

FÜR EIN PERFEKTES TIMING

MENÜ AUS DEM MEER

Thunfischtatar mit Wasabicreme, Gurkensalat, Limette und Crostini, S. 58

Shot aus Süßkartoffelsuppe mit Krabbenchips und Garnelen, S. 60

Knusprig gebratener Zander auf zweierlei Pastinakenpüree, S. 62

Bratapfel-Tiramisu mit kandiertem Ingwer, S. 64

Limoncello Spritz, S. 66

MENÜ-VARIATIONEN

Große Pasta-Liebhaber können den Hauptgang auch ganz wunderbar gegen das Pastagericht aus dem Menü Silvester quick and easy austauschen. Die Pasta mit Trüffelsahne, Riesengarnelen, Salbei und Pecorino (siehe S. 184) ist etwas schneller zubereitet als der Zander, aber ebenso edel.

AM VORTAG

- Die Orangenzesten für den Zwischengang kandieren und luftdicht verschlossen aufbewahren.
- Die Süßkartoffelsuppe für den Zwischengang zubereiten und im Kühlschrank aufbewahren.
- Für den Hauptgang die Haselnüsse rösten und luftdicht verschlossen aufbewahren.
- Die Zutaten für den Drink kalt stellen.
- Eiswürfel für den Begrüßungsdrink vorbereiten.

AM FESTTAG

- Das Pastinakenpüree für den Hauptgang zubereiten, jedoch noch ohne Petersilie.
- Etwa 3–4 Stunden vor dem Eintreffen der Gäste das Bratapfel-Tiramisu zubereiten, abdecken und im Kühlschrank aufbewahren.

1–2 STUNDEN VORHER

- Für die Vorspeise den Gewürzschmand für den Gurkensalat zubereiten, die Gurke aber noch nicht unterheben. Den Schmand im Kühlschrank aufbewahren.
- Die Wasabicreme für das Thunfischtatar zubereiten und im Kühlschrank aufbewahren.
- Die Crostini für die Vorspeise rösten und luftdicht verschlossen aufbewahren.
- Die Garnelen für den Zwischengang zubereiten und im Kühlschrank aufbewahren.

À LA MINUTE

- Wenn die Gäste eintreffen: Den Drink mixen und servieren.
- Für die Vorspeise den Gurkensalat fertigstellen.
- Das Thunfischtatar zubereiten.
- Die Vorspeise (Thunfischtatar, Wasabicreme, Gurkensalat) anrichten und servieren.
- Für den Zwischengang die Süßkartoffelsuppe erhitzen und währenddessen den Parmesan-Milchschaum zubereiten.
- Den Zwischengang (Süßkartoffelsuppe, Parmesan-Milchschaum, Krabbenchips, Garnelen) anrichten und servieren.
- Für den Hauptgang das Pastinakenpüree erhitzen.
- Das Pastinaken-Petersilien-Püree zubereiten.
- Den Zander zubereiten.
- Den Hauptgang (Zander, zweierlei Pastinakenpüree, Haselnüsse) anrichten und servieren.
- Das Dessert (Bratapfel-Tiramisu) servieren.

VEGETARISCHES WEIHNACHTEN

Ein Weihnachtsmenü kann auch ohne Fleisch köstlich sein. Wir beginnen mit einer cremigen Suppe aus Maronen, die super leckere Einlagen wie Apfelchips und knusprige Mandeln enthält. Für den nächsten Gang werden halbmondförmige Nudeln mit einer asiatisch angehauchten Kürbisfüllung veredelt und bekommen allerlei knusprige Toppings. Buttrige Blätterteigküchlein werden für den Hauptgang winterlich gefüllt und auf einem Pilzbett präsentiert. Zum Abschluss versüßt uns eine Mascarpone-Lebkuchen-Creme mit Schoko-Karamell-Swirl den Weihnachtsabend. Genuss pur.

Zubereitungszeit ca. 4 Stunden für das komplette Menü

VORSPEISE

Maronensuppe mit weihnachtlichem Topping

ZWISCHENGANG

Mezzalune mit asiatischer Kürbisfüllung auf Ricotta-Parmesan-Creme

HAUPTGANG

Blätterteigküchlein mit Maronen und Ziegenkäse auf Pilzrahm

DESSERT

Lebkuchencreme mit Schoko-Karamell-Swirl und Amarettini-Bröseln

GETRÄNK

Amaretto-Drink

MARONENSUPPE MIT WEIHNACHTLICHEM TOPPING

FÜR 4 PERSONEN

FÜR DIE SUPPE

2 Knoblauchzehen

1 EL Butter

500 g gegarte Maronen

800 g Sahne

800 ml Gemüsebrühe

4 Zweige Thymian

½ TL gemahlener Zimt

FÜR DAS TOPPING

1 kleiner roter Apfel (z. B. Braeburn)

1 TL Butter

1 EL Honig

20 g Mandeln

30 g Rosinen

1 TL Honig

4 Zweige Thymian

Für die Suppe die Knoblauchzehen schälen und fein hacken. Die Butter in einer Pfanne zerlassen und die Maronen mit dem Knoblauch bei mittlerer Hitze 2 Minuten darin anbraten. Mit Sahne und Brühe ablöschen. Die Thymianzweige waschen und trocken schütteln, mit dem Zimt in die Suppe geben und alles 5 Minuten sanft köcheln lassen. Anschließend den Thymian entfernen und die Suppe mit dem Stabmixer fein pürieren.

Für das Topping den Apfel waschen und trocken tupfen. Das Kerngehäuse mit einem Apfelausstecher entfernen. Den Apfel dann quer zum Kerngehäuse in hauchdünne Scheiben schneiden oder hobeln. Die Butter in einer Pfanne zerlassen und die Scheiben bei mittlerer Hitze darin braten. Mit 1 EL Honig karamellisieren. Herausnehmen und auf Backpapier trocknen lassen.

Die Mandeln grob hacken und in einer Pfanne ohne Fett bei niedriger Hitze 1–2 Minuten unter Rühren rösten. Die Rosinen und den Honig hinzufügen und karamellisieren lassen.

Kurz vor dem Servieren die Thymianzweige waschen und trocken schütteln. Die Suppe in kleine Schalen füllen und mit den Apfelscheiben, Mandeln, Rosinen und Thymianzweigen anrichten.

Kürbis | Ingwer | Chili | Frühlingszwiebel | Lauch | Erdnuss | Ricotta

MEZZALUNE MIT ASIATISCHER KÜRBISFÜLLUNG AUF RICOTTA-PARMESAN-CREME

FÜR 4 PERSONEN

FÜR DEN NUDELTEIG

200 g Mehl (Type 405)

200 g Hartweizengrieß

Himalayasalz (alternativ Meersalz)

½ TL gemahlene Kurkuma

1 EL Butter

FÜR DIE FÜLLUNG

360 g Hokkaido-Kürbis

20 g frischer Ingwer

1 rote Chilischote

Himalayasalz (alternativ Meersalz)

¼ TL gemahlener Zimt

1 TL Honig

2 EL Öl (hocherhitzbar, z. B. Kokosöl)

Für den Nudelteig Mehl, Grieß, 1 TL Salz und Kurkuma in einer Schüssel mischen. Dann 200 ml Wasser zugeben und mit den Händen zu einem glatten Teig kneten. In Frischhaltefolie gewickelt im Kühlschrank mindestens 1 Stunde ruhen lassen.

In der Zwischenzeit für die Füllung den Kürbis waschen, trocken tupfen und zunächst 12 hauchdünne Scheiben für die Kürbischips davon abschneiden oder abhobeln und beiseitestellen. Den Rest des Kürbisfleischs in Würfel schneiden. Die Kürbiswürfel in Salzwasser etwa 10 Minuten kochen, bis sie weich sind. Abgießen, gut abtropfen lassen und in einen Messbecher geben. Den Ingwer schälen und hineinreiben. Die Chilischote waschen, entkernen und fein hacken. Mit ½ TL Salz, Zimt und Honig zu den Kürbiswürfeln geben und alles mit einem Stabmixer fein pürieren.

Das Öl in einer Pfanne erhitzen und die Kürbisscheiben darin portionsweise von jeder Seite etwa 1 Minute knusprig frittieren. Herausnehmen und auf Küchenpapier abtropfen lassen.

Den Teig in 4 Stücke teilen und jedes Stück mithilfe der Nudelmaschine zu einer dünnen Bahn ausrollen. Mit dem Ausstecher Kreise aus den Bahnen ausstechen. Jeweils ½ TL Kürbiscreme auf die Mitte eines Kreises setzen. Die Ränder mithilfe eines Pinsels dünn mit Wasser bestreichen und die Teigkreise dann zu Halbmonden zusammenklappen. Dabei die Luft sanft aus der Mitte zu den Rändern ausstreichen und den Teig um die Füllung herum gut zusammendrücken. Die Mezzalune (Halbmonde) in kräftig gesalzenem Wasser etwa 1–2 Minuten kochen, sie sind gar, wenn sie nach oben steigen. Die Nudeln in einem Sieb abtropfen lassen und auf einem mit Klarsichtfolie belegten Teller aufbewahren, bis das Gericht fertiggestellt wird.

Weiter geht's auf der nächsten Seite.

FÜR DAS TOPPING

4 EL Erdnusskerne (geröstet und gesalzen)

2 EL Honig

1 rote Chilischote

2 Frühlingszwiebeln

FÜR DIE RICOTTA-PARMESAN-CREME

60 g Sahne

30 g Ricotta

2 EL fein geriebener Parmesan

Meersalz

AUSSERDEM

Nudelmaschine

runder Ausstecher (ø 6 cm)

Für das Topping die Erdnüsse in eine Pfanne geben und mit dem Honig karamellisieren lassen. Die Chili waschen, trocken tupfen und entkernen, die Frühlingszwiebeln waschen und trocken tupfen, alles in dünne Ringe schneiden.

Für die Ricotta-Parmesan-Creme die Sahne aufkochen und den Ricotta einrühren. Den Parmesan ebenfalls unterrühren, bis er geschmolzen ist. Mit ½ TL Salz abschmecken.

Kurz vor dem Servieren die Butter in einer Pfanne zerlassen. Die Mezzalune darin schwenken, bis sie heiß sind. Die Ricotta-Parmesan-Creme auf Tellern anrichten, die heißen Mezzalune darauf setzen und mit den karamellisierten Erdnüssen, Chili, Frühlingszwiebeln und den Kürbis-Chips garnieren.

6

BLÄTTERTEIGKÜCHLEIN MIT MARONEN UND ZIEGENKÄSE AUF PILZRAHM

FÜR 4 PERSONEN

FÜR DIE BLÄTTERTEIGKÜCHLEIN

550 g Lauch

2 EL Butter

Meersalz, ½ TL Cayennepfeffer

4 Knoblauchzehen

250 g gegarte Maronen

150 g Spinat

1 Msp. frisch geriebene Muskatnuss

200 g Ziegenfrischkäse

60 ml Honig

600 g Blätterteig (Rolle)

Öl zum Einfetten der Formen

2 EL Milch

FÜR DEN PILZ-ROSMARIN-RAHM

550 g Pilze (gemischt, z. B. Champignons und Kräuterseitlinge)

1 EL Butter

200 g Sahne

2 Zweige Rosmarin

Meersalz

AUSSERDEM

4 kleine Tarteformen (ø 8 cm)

Hülsenfrüchte zum Blindbacken

Für die Blätterteigküchlein den Ofen auf 180 °C Ober-/Unterhitze vorheizen.

Für die Füllung den Lauch waschen, putzen und in dünne Ringe schneiden. Die Butter in einer Pfanne zerlassen und den Lauch darin andünsten. Mit 1 TL Salz und Cayennepfeffer würzen. Den Knoblauch schälen, fein hacken und zum Lauch geben. Die Maronen hinzufügen. Den Spinat waschen, trocken schleudern und in die Pfanne geben. Alles unter gelegentlichem Rühren in der Pfanne garen, bis der Spinat zerfallen ist. Kräftig mit Muskat abschmecken und vom Herd nehmen. Den Ziegenkäse mit Honig glatt rühren. Sobald das Gemüse etwas abgekühlt ist, mit dem Ziegenkäse verrühren.

Acht Kreise mit einem Durchmesser von 8 cm aus dem Blätterteig ausschneiden. Die vier Tarteformen einfetten. Jeweils einen Blätterteigkreis hineinlegen, mit Backpapier belegen und Hülsenfrüchte daraufgeben. Die Tartes im Ofen (Mitte) 5 Minuten blind backen.

Wer möchte, kann in der Zwischenzeit aus dem restlichen Blätterteig Formen zum Dekorieren der Tartes ausstechen oder ausschneiden.

Die Tartes aus dem Ofen nehmen. Die Füllung auf die Formen verteilen, die Teigränder mit etwas Milch bepinseln und mit den restlichen Teigkreisen abdecken. Die Ränder dabei leicht zusammendrücken. Die Blätterteigküchlein mit etwas Milch bepinseln und nach Belieben mit ausgestochenen Formen verzieren. Im Ofen (Mitte) etwa 20 Minuten goldgelb backen.

In der Zwischenzeit für den Pilz-Rosmarin-Rahm die Pilze putzen und in Scheiben schneiden. Die Butter in einer Pfanne erhitzen und die Pilze darin 3–4 Minuten braten. Mit Sahne ablöschen. Den Rosmarin waschen, trocken schütteln und die Nadeln abzupfen. Mit ½ TL Salz zur Pilz-Sahne geben und alles 3–4 Minuten köcheln lassen, bis die Sauce leicht angedickt ist.

Den Rosmarin-Pilzrahm auf Tellern verteilen und die goldgelben Blätterteigküchlein darauf setzen.

LEBKUCHENCREME MIT SCHOKO-KARAMELL-SWIRL UND AMARETTINI-BRÖSELN

FÜR 4 PERSONEN

FÜR DIE MASCARPONE-LEBKUCHEN-CREME

320 g Mascarpone

100 g Puderzucker

200 g Sahne

½ TL Lebkuchengewürz

FÜR DEN SCHOKO-KARAMELL-SWIRL

200 g Zucker

250 g Sahne

Meersalz

50 g Butter

100 g Kuvertüre

FÜR DIE BRÖSEL

12 Amarettini

Für die Mascarpone-Lebkuchen-Creme die Mascarpone mit dem Puderzucker glatt rühren. Die Sahne mit dem Lebkuchengewürz steif schlagen und vorsichtig unter die Mascarpone heben.

Für den Swirl den Zucker ohne zu rühren in einem Topf bei mittlerer Hitze karamellisieren lassen, bis er zu goldgelbem Karamell geworden ist. Dann mit der Sahne ablöschen. Vorsicht, es spritzt und schäumt! Rühren, bis sich der Zucker vollständig gelöst hat. Leicht reduzieren, dann zuerst ¼ TL Meersalz und danach die Butter einrühren, bis sie geschmolzen ist. Den fertigen Karamell abkühlen lassen.

Die Kuvertüre über einem Wasserbad schmelzen und leicht abkühlen lassen.

Für die Brösel die Amarettini in einen Gefrierbeutel geben und beispielsweise mit einem Fleischklopfer zerbröseln.

Zum Servieren die Mascarpone-Lebkuchen-Creme auf Gläser verteilen. Erst die Schokolade, dann den Karamell mit einem Löffel unterziehen und mit den Amarettini-Bröseln garnieren.

AMARETTO-DRINK

FÜR 4 PERSONEN

1 große Orange

400 ml Cranberrysaft (eisgekühlt)

200 ml Wodka (eisgekühlt)

100 ml Amaretto

Eiswürfel

4 Physalis

AUSSERDEM

Shaker

Die Orange auspressen. Den Cranberrysaft mit Wodka, Amaretto und dem Orangensaft in einem Shaker mit 1 Handvoll Eiswürfel mischen. Die Blätter der Physalis öffnen und die Physalis waschen.

Zum Servieren den Drink auf 4 Gläser verteilen und mit Physalis dekorieren.

FÜR EIN PERFEKTES TIMING

VEGETARISCHES WEIHNACHTEN

Maronensuppe mit weihnachtlichem Topping, S. 72

Mezzalune mit asiatischer Kürbisfüllung auf Ricotta-Parmesan-Creme, S. 74

Blätterteigküchlein mit Maronen und Ziegenkäse auf Pilzrahm, S. 78

Lebkuchencreme mit Schoko-Karamell-Swirl und Amarettini-Bröseln, S. 80

Amaretto-Drink, S. 82

MENÜ-VARIATIONEN

Ihr habt wenig Zeit, zu wenig für die Mezzalune? Dann könnt Ihr alternativ den Salat aus dem Schnellen Weihnachtsmenü (siehe S. 28) zubereiten. Mit Walnüssen, Beeren, Feta und Cranberrydressing ist er ein toller weihnachtlicher Zwischengang. Wer einen fruchtigeren Nachtisch bevorzugt, kann die Lebkuchencreme durch die Glühweinbirnen mit Cantuccini-Bröseln und Mascarponesahne aus dem Schnellen Weihnachtsmenü (siehe S. 32) ersetzen.

AM VORTAG

- Cranberrysaft und Wodka für den Begrüßungsdrink kühl stellen.
- Die Eiswürfel für den Drink vorbereiten.

AM FESTTAG

- Die Maronensuppe ohne das Topping zubereiten und im Kühlschrank aufbewahren.
- Für das Topping Apfelchips, Mandeln und Rosinen vorbereiten, anschließend luftdicht verschlossen aufbewahren, damit sie knusprig bleiben.
- Für den Zwischengang die Mezzalune zubereiten und auf einem großen Teller oder einem Tablett mit Klarsichtfolie abgedeckt im Kühlschrank lagern.
- Die Kürbischips für den Zwischengang zubereiten und luftdicht verschlossen aufbewahren.
- Die Ricotta-Parmesan-Creme zubereiten und im Kühlschrank aufbewahren.
- Für das Dessert den Karamell zubereiten.
- Die Mascarpone-Lebkuchen-Creme zubereiten.

1–2 STUNDEN VORHER

- Für den Hauptgang den Pilz-Rosmarin-Rahm zubereiten und im Kühlschrank aufbewahren.
- Etwa 30 Minuten vor Eintreffen der Gäste die Blätterteigküchlein zubereiten, garen und warm halten.

À LA MINUTE

- Sobald die Gäste eintreffen: Den Amaretto-Drink mixen und servieren.
- Die Maronensuppe erhitzen, mit dem Topping garnieren und die Vorspeise (Maronensuppe, Apfelchips, Mandeln, Rosinen, Thymian) servieren.
- Die Mezzalune in Butter schwenken, bis sie heiß sind, und die Ricotta-Parmesan-Creme erhitzen.
- Währenddessen die karamellisierten Erdnüsse für den Zwischengang zubereiten.
- Den Zwischengang (Mezzalune, Frühlingszwiebeln, Kürbischips, karamellisierte Erdnüsse, Chili) anrichten und servieren.
- Für den Hauptgang den Pilz-Rosmarin-Rahm erhitzen und den Hauptgang (Blätterteigküchlein, Pilz-Rosmarin-Rahm) servieren.
- Für das Dessert die Schokolade schmelzen und die Amarettini zerbröseln.
- Das Dessert (Mascarpone-Lebkuchen-Creme, Schoko-Karamell-Swirl, Amarettini-Brösel) fertigstellen und servieren.

VEGANES MENÜ

Weihnachten ist die Zeit, in der man sich und seine Lieben verwöhnt. Mit besinnlichen Momenten, lieben Worten und köstlichem Essen. Dass das auch auf rein pflanzlicher Basis toll funktioniert, zeigt dieses Menü – köstliche Geschmacksmomente sind hier garantiert. Die cremige Blumenkohlsuppe entführt uns durch einen Hauch von Zimt und Orange in eine weihnachtliche Genusswelt. Die Kürbisse im nächsten Gang werden mit allerlei winterlichen Leckereien wie Cranberrys, Pinienkernen, Spinat und Nüssen gefüllt. Die Quiche mit jeder Menge Wurzelgemüse ist ein wunderbar schmackhafter Hauptgang, der keine Wünsche offen lässt. Den Abschluss bildet ein köstlicher Bratapfel mit Marzipan, Nüssen, Rosinen und vielen winterlichen Gewürzen.

Zubereitungszeit ca. 3 Stunden für das komplette Menü

VORSPEISE

Blumenkohlsuppe mit Zimt-Croûtons und Gremolata

ZWISCHENGANG

Gefüllter Kürbis mit Kichererbsen-Quinoa, Nüssen und Mandelcreme

HAUPTGANG

Röstgemüse-Quiche auf Wildkräutersalat

DESSERT

Weihnachtlicher Bratapfel mit Marzipan, Nüssen und Rosinen

GETRÄNK

Limoncello Drink

BLUMENKOHLSUPPE MIT ZIMT-CROÛTONS UND GREMOLATA

FÜR 4 PERSONEN

FÜR DIE SUPPE

500 g Blumenkohl

2 Knoblauchzehen

4 EL Öl

Salz

¼ TL Cayennepfeffer

1 EL Sojasauce

500 ml Haferdrink

FÜR DIE CROÛTONS

100 g Vollkorntoast

1 TL Kokosöl

2 EL Ahornsirup

½ TL gemahlener Zimt

FÜR DIE GREMOLATA

1 Bund glatte Petersilie

1 große Bio-Orange

AUSSERDEM

Zestenreißer

Für die Suppe den Ofen auf 180 °C Ober-/Unterhitze vorheizen. Ein Backblech mit Backpapier belegen.

Den Blumenkohl putzen und in kleine Röschen schneiden, dabei aus einigen größeren Röschen 8 Scheiben schneiden und beiseitelegen. Den Knoblauch schälen und fein hacken. Die Blumenkohlröschen mit 2 EL Öl, ½ TL Salz und dem Knoblauch vermengen und auf dem Backblech im vorgeheizten Ofen (Mitte) etwa 30 Minuten rösten. In der Zwischenzeit in einer Pfanne die restlichen 2 EL Öl erhitzen, Cayennepfeffer und Sojasauce hinzugeben und die acht Blumenkohlscheiben darin goldbraun rösten.

Den Blumenkohl aus dem Ofen nehmen und mit dem Haferdrink in einen Topf geben. Erhitzen und mit dem Stabmixer sehr fein pürieren.

Für die Zimt-Croûtons den Vollkorntoast in kleine Würfel schneiden. Das Kokosöl in einer Pfanne erhitzen und die Toastwürfel darin anrösten. Nach 2 Minuten Ahornsirup und Zimt hinzufügen und weitere 1–2 Minuten rösten. Auf Backpapier auskühlen lassen.

Für die Gremolata die Petersilie waschen, trocken schütteln und samt der Stiele mittelfein hacken. Die Schale der Orange mit einem Zestenreißer abziehen und grob hacken. Petersilie und Orangenschale mischen.

Die heiße Suppe mit Zimt-Croûtons, gerösteten Blumenkohlscheiben und Petersilien-Orangen-Gremolata garnieren und servieren.

GEFÜLLTER KÜRBIS MIT KICHERERBSEN-QUINOA, NÜSSEN UND MANDELCREME

FÜR 4 PERSONEN

2 kleine Kürbisse (z. B. Butternut)

4 TL Öl

Meersalz (nach Belieben)

FÜR DIE MANDELCREME

100 g Mandeln

1–2 EL Soja-Joghurtalternative

FÜR DIE FÜLLUNG

200 g Quinoa

100 g Pinienkerne

100 g Walnusskerne

2 rote Chilischoten

300 g gegarte Kichererbsen

3 EL Olivenöl

4 EL Sojasauce

½ TL Cayennepfeffer

120 g Cranberrys

2 EL Ahornsirup

¼ TL gemahlener Zimt

1 TL Currypulver

Salz

100 g Spinat

Den Ofen auf 180 °C Ober-/Unterhitze vorheizen. Ein Backblech mit Backpapier belegen.

Die Kürbisse waschen, trocken tupfen und längs halbieren. Die Kerne mithilfe eines Löffels auslösen. Die Kürbishälften jeweils mit 1 TL Öl einreiben und mit 1 Prise Salz würzen. Auf das Backblech setzen und im Ofen (Mitte) etwa 45 Minuten garen.

In der Zwischenzeit für die Mandelcreme die Mandeln in einer Pfanne ohne Öl rösten und dann in einem Hochleistungsmixer zu einer Mandelbutter mahlen. Die Mandelbutter mit dem Joghurt glatt rühren.

Für die Füllung die Quinoa nach Packungsanweisung gar kochen, anschließend in einem Sieb gut abtropfen lassen. Die Pinienkerne und Walnüsse in einer Pfanne ohne Fett rösten. Die Chilis waschen, trocken tupfen, entkernen und fein hacken. Die Kichererbsen abspülen, gut abtropfen lassen und in einer Pfanne mit 1 EL Öl 2 Minuten anrösten. Mit der Sojasauce ablöschen, reduzieren und mit ¼ TL Cayennepfeffer würzen.

Die Quinoa mit Pinienkernen, Walnüssen, Chili, Kichererbsen und Cranberrys mischen. Mit dem restlichen Öl (2 EL), Ahornsirup, ¼ TL Cayennepfeffer, Zimt und Currypulver würzen und mit Salz abschmecken. Den Spinat verlesen, waschen, trocken schleudern und grob hacken. Unter die Quinoamischung heben.

Auf jeden Teller eine Kürbishälfte geben, mit Quinoa füllen und die Mandelcreme dazu servieren.

RÖSTGEMÜSE-QUICHE AUF WILDKRÄUTERSALAT

FÜR 4 PERSONEN

FÜR DAS RÖSTGEMÜSE

130 g Rote Bete

60 g Kürbis

130 g Petersilienwurzel

2 rote Zwiebeln

3 Zweige Thymian

2 EL Olivenöl

Meersalz

FÜR DEN TEIG

220 g Dinkelmehl (Type 630)

Salz

½ TL gemahlener Kreuzkümmel

65 ml Olivenöl

40 g Walnusskerne

4 EL Haferdrink

FÜR DIE TOFUCREME

200 g Tofu

2 EL Sojasauce

1 EL Miso-Paste (Hatcho Miso)

1 EL Haferdrink

1 EL Hefeflocken

2 Zweige Thymian

Den Ofen auf 180 °C Ober-/Unterhitze vorheizen. Ein Backblech mit Backpapier belegen.

Für das Röstgemüse die Rote Bete schälen (Handschuhe), den Kürbis waschen und beides in dünne Scheiben schneiden. Die Petersilienwurzel waschen und längs in dünne Scheiben schneiden. Die Zwiebeln schälen und achteln. Den Thymian waschen, trocken schütteln und die Blättchen abzupfen. Das Gemüse mit dem Thymian, Olivenöl und ½ TL Salz mischen, auf dem Backblech verteilen und im Ofen (Mitte) 30 Minuten rösten.

In der Zwischenzeit Dinkelmehl, ½ TL Salz, Kreuzkümmel und Olivenöl mit den Händen zu einem krümeligen Teig verarbeiten. Die Walnüsse in einem Mixer mittelfein zermahlen, es dürfen noch kleine Stückchen zu sehen sein. Die Walnüsse zum Teig geben und mit dem Haferdrink zu einem glatten Teig kneten. Die Tarteform mit Olivenöl einfetten und den Teig mit den Händen in die Form drücken. Hierfür immer kleine Teigstückchen in die Form geben und auf dem Boden und an den Rändern festdrücken. Der Teig sollte am Boden und an den Rändern etwa 1 cm dick sein und sich gut verbunden haben. Man kann ihn aber auch vorsichtig ausrollen. Mit Backpapier belegen und Hülsenfrüchte draufgeben. Die Tarte zum Gemüse in den Ofen (unten) schieben und 10 Minuten blind backen.

Für die Füllung die Tofucreme vorbereiten. Dafür den Tofu mit Sojasauce, Miso-Paste, Haferdrink und Hefeflocken in einen Mixer geben und zu einer Creme mixen. Die Thymianzweige waschen, trocken schütteln und die Blättchen abzupfen.

Weiter geht's auf der nächsten Seite.

ZUM GARNIEREN

2 Handvoll Wildkräuter

1 EL Olivenöl

Meersalz

AUSSERDEM

Tarteform (ø 20 cm)

1 EL Olivenöl für die Form

Hülsenfrüchte zum Blindbacken

Die vorgebackene Tarte mit der Hälfte der Tofucreme füllen. Die Hälfte des Röstgemüses darauf verteilen. Anschließend den Rest der Tofucreme darübergeben. Die Tarte mit dem restlichen Röstgemüse dekorieren und mit Thymian bestreuen. Im Ofen (Mitte) weitere 20 Minuten backen.

Man kann die Tarte auch wunderbar im Voraus zubereiten. Die Backzeit dann auf 15 Minuten reduzieren und die Tarte vollständig auskühlen lassen. Im Kühlschrank aufbewahren und vor dem Servieren im Ofen bei 180 °C 5–10 Minuten aufbacken.

Die Wildkräuter verlesen, waschen und trocken schleudern. Mit Olivenöl und 1 Prise Meersalz würzen und die Quiche darauf anrichten.

WEIHNACHTLICHER BRATAPFEL MIT MARZIPAN, NÜSSEN UND ROSINEN

FÜR 4 PERSONEN

80 g Walnusskerne

40 g Mandeln

200 g Marzipan

80 g Rosinen

1 TL Lebkuchengewürz

4 mittelgroße rote Äpfel (z. B. Braeburn)

3 EL Ahornsirup

AUSSERDEM

Auflaufform (ca. 25 x 20 cm)

Den Ofen auf 180 °C Ober-/Unterhitze vorheizen.

Die Walnüsse und Mandeln grob hacken und zusammen in einer Pfanne ohne Fett kurz rösten. Das Marzipan grob würfeln und mit Nüssen, Mandeln, Rosinen und Lebkuchengewürz verkneten.

Die Äpfel waschen und das obere Drittel mit einem Messer abschneiden, sodass eine Art Deckel entsteht. Den unteren Teil des Apfels mit einem Apfelausstecher oder einem Teelöffel aushöhlen, dabei das Kerngehäuse entfernen. Rand und Boden des Apfels sollten eine Dicke von 1,5–2 cm haben.

Die Äpfel mit der Marzipanmasse füllen und mit 2 EL Ahornsirup beträufeln. Dann in eine Auflaufform etwa 2 cm hoch Wasser geben und die Äpfel hinein setzen. Im Ofen (Mitte) etwa 30 Minuten backen. Nach 20 Minuten die Deckel aufsetzen und mit dem restlichen Ahornsirup (1 EL) beträufeln. Die Äpfel warm servieren.

LIMONCELLO DRINK

FÜR 4 PERSONEN

160 ml Limoncello (eisgekühlt)

320 ml Tonic Water (eisgekühlt)

Prosecco (eisgekühlt)

Eiswürfel

Den Limoncello mit dem Tonic Water mischen. In mit Eiswürfel gefüllte Gläser geben und mit Prosecco aufgießen.

Limoncello schmeckt hervorragend pur als Digestif nach dem Menü. Man kann ihn auch mit Cranberrysaft oder Limonade kombinieren. Wer es saurer mag, mischt Limettensaft und Limoncello (1 : 2) und gießt das Ganze dann mit Prosecco auf.

FÜR EIN PERFEKTES TIMING

VEGANES WEIHNACHTEN

Blumenkohlsuppe mit Zimt-Croûtons und Gremolata, S. 88

Gefüllter Kürbis mit Kichererbsen-Quinoa, Nüssen und Mandelcreme, S. 90

Röstgemüse-Quiche auf Wildkräutersalat, S. 92

Weihnachtlicher Bratapfel mit Marzipan, Nüssen und Rosinen, S. 96

Limoncello Drink, S. 98

MENÜ-VARIATIONEN

Wer keinen Blumenkohl mag, kann die Maronensuppe (siehe S. 72) des Vegetarischen Menüs in eine vegane Suppe verwandeln: Statt Butter nehmt ihr vegane Butter oder Öl, statt Sahne Sojacreme Cuisine . Einen leichteren Ausklang findet das Menü mit einer Granita (siehe S. 14 oder 152), die nicht nur als Zwischengang, sondern auch als fruchtiger Nachtisch köstlich ist.

AM VORTAG

- Die Zutaten für den Drink kühl stellen.
- Eiswürfel für den Drink vorbereiten.

AM FESTTAG

- Die Blumenkohlsuppe für die Vorspeise zubereiten.
- Die Quiche für den Hauptgang zubereiten (mit verkürzter Backzeit, siehe S. 94) und im Kühlschrank aufbewahren.
- Für das Dessert den Bratapfel vorbereiten, aber nicht garen. Kühl aufbewahren.

1–2 STUNDEN VORHER

- Für die Vorspeise die gerösteten Blumenkohlscheiben zubereiten.
- Die Zimt-Croûtons vorbereiten und luftdicht verschlossen aufbewahren, damit sie knusprig bleiben.
- Für das Zwischengericht den Kürbis vorbereiten, aber noch nicht garen.
- Die Füllung für den Kürbis zubereiten. Bei Zimmertemperatur aufbewahren.
- Die Mandelcreme für den Zwischengang zubereiten und in einem verschlossenen Gefäß aufbewahren.
- Die Wildkräuter für den Hauptgang waschen und trocken schleudern, kühl stellen.

À LA MINUTE

- Wenn die Gäste eintreffen: Den Begrüßungsdrink mixen und servieren.
- Die Blumenkohlsuppe erhitzen.
- Währenddessen die Gremolata zubereiten.
- Für den Zwischengang den vorbereiteten Kürbis in den Ofen geben.
- Die Vorspeise (Blumenkohlsuppe, Croûtons, Blumenkohlscheiben, Gremolata) anrichten und servieren.
- Den Zwischengang (Kürbis, Quinoa, Mandelcreme) fertigstellen, anrichten und servieren.
- Für den Hauptgang die Röstgemüse-Quiche im Ofen (Mitte) aufbacken.
- Währenddessen den Wildkräutersalat anmachen.
- Für das Dessert den Weihnachtlichen Bratapfel in den Ofen (unten) geben.
- Den Hauptgang (Wildkräutersalat, Quiche) anrichten und servieren.
- Den Bratapfel noch kurz auf die mittlere Schiene im Ofen schieben.
- Das Dessert (Bratapfel) anrichten und servieren.

MENÜ FÜR GROSS & KLEIN

Weihnachten ist ein Fest für die ganze Familie. Doch es ist nicht immer einfach, Gerichte zu finden, die Groß und Klein zufriedenstellen. Dieses hier trifft den Geschmack von Kindern ebenso wie den ihrer Eltern und Großeltern. Zum Aperitif serviert ihr für die Kleinen eine Pflaumen-Anis-Limo, die Erwachsenen können sie mit Champagner aufgießen. Als Snack gibt's dazu einen köstlichen Weihnachtsbaum mit Spinat-Knoblauch-Füllung. Dann startet die Familie mit einer Tomatensuppe in den besinnlichen Teil des Abends. Sternen-Croûtons aus Toast machen den Kleinen Freude. Der Hauptgang schmeckt allen: Für die Erwachsenen gibt es Rinderschmorbraten mit Kräuterspätzle, Rotkraut und Weihnachtssauce. Die Kleinen bekommen Käsespätzle. Und der Lebkuchen-Schokopudding mit Spekulatiusbröseln wird sicher von allen im Nu verputzt.

Zubereitungszeit ca. 4 Stunden für das komplette Menü

SNACK

Weihnachtsbaum-Pizza mit Spinat-Knoblauch-Füllung

VORSPEISE

Weihnachtliche Tomatensuppe mit Sternen-Croûtons

HAUPTGANG

Rinderbraten mit Rotkohl und Kräuterspätzle
Käse-Kräuterspätzle für die Kinder

DESSERT

Lebkuchen-Schokopudding mit Spekulatiusbröseln

GETRÄNK

Pflaumen-Anis-Limo mit und ohne Champagner

WEIHNACHTSBAUM-PIZZA MIT SPINAT-KNOBLAUCH-FÜLLUNG

FÜR 4–8 PERSONEN

FÜR DEN PIZZATEIG

450 g Mehl (Type 405)

42 g frische Hefe (1 Würfel)

2 EL Zucker

Salz

2 EL Olivenöl

FÜR DIE SPINAT-KNOBLAUCH-FÜLLUNG

250 g TK-Spinat

2 Knoblauchzehen

Salz

2 EL Crème fraîche

3 EL geriebener Parmesan

50 g Cheddar

2 EL Olivenöl

Für den Pizzateig das Mehl in eine große Schüssel füllen, eine Kuhle in der Mitte bilden, 200 ml lauwarmes Wasser hineingießen, die Hefe hineinbröseln und den Zucker dazugeben. Mit einer kleinen Menge Mehl in der Kuhle zum Vorteig rühren und 15 Minuten abgedeckt stehen lassen, bis die Hefe Blasen wirft. Weitere 50 ml lauwarmes Wasser, 1 TL Salz und Olivenöl dazugeben und nun den gesamten Schüsselinhalt zu einem glatten Teig rühren. Den Teig auf einer leicht bemehlten Fläche noch kurz mit den Händen kneten und dann in einer abgedeckten Schüssel 2 Stunden an einem warmen Ort gehen lassen.

Den Ofen auf 180 °C Umluft aufheizen. Ein Backblech mit Backpapier belegen.

Für die Füllung den Spinat in einen Topf geben und langsam erhitzen. Den Knoblauch schälen und fein hacken, zum Spinat geben und mitdünsten. Mit ½ TL Salz, Crème fraîche und Parmesan abschmecken.

Den Pizzateig in 2 Kugeln aufteilen und beide dünn auf einer bemehlten Fläche ausrollen. Mit einem Teigrad in 2 gleich große Dreiecke schneiden. Eines der Dreiecke auf das Backblech legen. Die Teigreste noch einmal kurz durchkneten, wieder ausrollen und 2 Rechtecke von 8–10 cm Länge als Stämme formen. Einen der Stämme unten an eines der Dreiecke ansetzen und leicht andrücken. Die Spinat-Knoblauch-Füllung auf dem Dreieck und dem Stamm verteilen. Den Cheddar reiben und über die Füllung streuen. Mit dem zweiten Teig-Dreieck und einem zweiten Stammstück abdecken. Das Dreieck von rechts und links auf gleicher Höhe bis etwa 5 cm vor der Mitte mehrfach einschneiden, sodass in der Mitte ein Stamm entsteht, die Teigstreifen bilden die Äste. Die Äste vorsichtig mehrfach um sich selbst drehen. Mit Olivenöl beträufeln und im Ofen (Mitte) etwa 20 Minuten goldgelb backen. Warm oder lauwarm servieren.

WEIHNACHTLICHE TOMATENSUPPE MIT STERNEN-CROÛTONS

FÜR 4 PERSONEN

FÜR DIE SUPPE

1,2 kg große Tomaten

4 Knoblauchzehen

4 EL Olivenöl

Meersalz

300 ml passierte Tomaten (Dose)

500 ml Gemüsebrühe

1 TL gemahlener Kreuzkümmel

¼ TL gemahlener Zimt

FÜR DIE CROÛTONS

4 Scheiben Vollkorntoast

2 EL Olivenöl

Meersalz

AUSSERDEM

Plätzchenausstecher in Sternform (verschiedene Größen)

Den Ofen auf 180 °C Umluft vorheizen. Ein Backblech mit Backpapier belegen.

Die Tomaten waschen, trocken tupfen und halbieren. Mit den Schnittflächen nach oben auf das Backblech legen. Den Knoblauch schälen und in grobe Stücke schneiden. Zu den Tomaten geben. Alles mit etwas Olivenöl beträufeln und mit 1 TL Salz bestreuen. Im Ofen ca. 30 Minuten rösten.

Die Tomaten aus dem Ofen nehmen und mit dem Knoblauch in einen Topf geben. Passierte Tomaten, Gemüsebrühe, 1 TL Salz, Kreuzkümmel und Zimt hinzufügen, einmal aufkochen und dann 5 Minuten sanft köcheln lassen. Anschließend mit dem Stabmixer fein pürieren.

Für die Croûtons mit verschieden großen Ausstechern Sterne aus den Toastbrotscheiben stechen. Das Olivenöl in einer Pfanne erhitzen und die Sterne von beiden Seiten knusprig braten. Mit 1 Prise Salz würzen.

Die heiße Suppe in Schalen geben und mit den Sternen-Croûtons garniert servieren.

RINDERBRATEN MIT ROTKOHL UND (KÄSE-)KRÄUTERSPÄTZLE

FÜR 4 PERSONEN

FÜR DEN RINDERSCHMORBRATEN

1 kg Rinderschmorbraten
750 g Suppengemüse
1 TL Olivenöl
2 Zimtstangen, 8 Pimentkörner
4 Sternanis, 10 Nelken
1 TL Lebkuchengewürz
1 ½ EL Tomatenmark
100 ml Ketjap Asin
1,6 l Rinderbrühe

FÜR DIE SPÄTZLE

120 g gemischte Kräuter
140 ml Milch
440 g Mehl (Type 405)
4 Eier (Größe M), Salz
1 Msp. gem. Muskatnuss
5 EL Butter
je 40 g Parmesan und Cheddar

FÜR DEN ROTKOHL

100 g Rotkohl
1 TL Olivenöl, ¼ TL Salz

AUSSERDEM

Spätzlepresse

Das Rindfleisch in 4 dicke Scheiben schneiden. In einem sehr großen Topf von allen Seiten ohne Fett scharf anbraten, dann herausnehmen. Das Gemüse waschen, putzen, in Stücke schneiden und in den Topf geben. Mit etwas Öl anrösten. Die Gewürze hinzufügen und kurz mitrösten. Das Tomatenmark hinzugeben und unter Rühren nochmals 1 Minute rösten. Mit Ketjap Asin ablöschen und etwas reduzieren. Die Brühe angießen, die Rindermedaillons hineinlegen und bei geschlossenem Deckel 3–4 Stunden weich schmoren. Das Fleisch sollte butterweich sein, aber gerade noch nicht auseinanderfallen. Das Fleisch herausnehmen, die Schmorflüssigkeit durch ein Sieb passieren, dabei das Gemüse ausdrücken. Die Schmorflüssigkeit wieder in den Topf geben und bei hoher Hitze offen auf die Hälfte reduzieren. Das Fleisch hineinlegen. Möchte man es direkt servieren, dann sofort sanft erhitzen, bis das Fleisch warm ist. Ansonsten abgedeckt im Kühlschrank lagern.

Während das Fleisch schmort, für die Kräuterspätzle die Kräuter (z. B. Petersilie, Borretsch, Dill…) waschen, trocken schütteln und mit 40 ml Milch in einen hohen Becher geben. Mit dem Stabmixer pürieren. Mehl, Eier, Kräutermilch, die restliche Milch (100 ml), 2 TL Salz und Muskatnuss in eine Schüssel geben und gut verrühren. 2 EL Butter zerlassen und in eine große Schüssel geben. In einem großen Topf Salzwasser zum Sieden bringen und eine Portion Teig durch die Spätzlepresse drücken. Die Spätzle sind gar, wenn sie an die Wasseroberfläche steigen. Herausnehmen und in die Schüssel mit der Butter geben. So weiter verfahren, bis alle Spätzle zubereitet sind. Für die Käsespätzle den Parmesan und den Cheddar reiben.

Den Rotkohl in sehr feine Streifen schneiden oder hobeln. Mit Olivenöl und Salz vermengen.

Vor dem Servieren 2 EL Butter in einer Pfanne zerlassen und die Hälfte der Spätzle noch mal kurz darin schwenken. Auf Teller geben, die Rindermedaillons darauf setzen und mit der Sauce beträufeln. Den Rotkohl auf das Fleisch geben und servieren.

Die Kinder bekommen Käsespätzle. Dafür die zweite Hälfte der Spätzle in einer Pfanne mit der restlichen Butter (1 EL) schwenken und mit dem geriebenen Parmesan und Cheddar bestreuen. Durchrühren, bis der Käse geschmolzen ist, und sofort servieren.

LEBKUCHEN-SCHOKOPUDDING MIT SPEKULATIUSBRÖSELN

FÜR 4 PERSONEN

FÜR DEN PUDDING

3 EL Maisstärke

600 g Sahne

100 g Zartbitterschokolade (mind. 70 % Kakaogehalt)

100 g Zucker

1 EL Kakaopulver

1 TL Lebkuchengewürz

Salz

FÜR DIE BRÖSEL

40 g Spekulatius

1 EL Butter

Für den Schokoladenpudding die Stärke mit 100 g Sahne verrühren. Die Schokolade grob hacken. Die restliche Sahne (500 g), Zucker, Kakaopulver, gehackte Schokolade, Lebkuchengewürz und 1 Prise Salz in einem Topf erhitzen und unter Rühren vorsichtig aufkochen lassen.

Die angerührte Stärke in den Topf geben, dabei ständig weiterrühren. Etwa 2 Minuten köcheln lassen, dann vom Herd nehmen. Den Pudding in 4 kleine Gläser gießen und im Kühlschrank mindestens 2 Stunden auskühlen lassen.

Die Spekulatius in einen Gefrierbeutel geben und beispielsweise mit dem Fleischklopfer zu groben Bröseln verarbeiten. Die Butter in einer Pfanne zerlassen und die Keksbrösel darin anrösten. Anschließend auf einem Teller ausgebreitet auskühlen lassen.

Den Lebkuchen-Schokopudding mit Spekulatiusbröseln bestreut servieren.

PFLAUMEN-ANIS-LIMO MIT UND OHNE CHAMPAGNER

FÜR ETWA 800 ML

1 kg Pflaumen

1 Zimtstange

4 Sternanis

2 EL Rohrzucker

2 große Zitronen

Mineralwasser (nach Belieben)

0,75 l Champagner (eisgekühlt)

Die Pflaumen waschen, vierteln und entkernen. Mit 1 l Wasser, den Gewürzen und dem Zucker in einen Topf geben, aufkochen und 10 Minuten sanft köcheln lassen. Dann durch ein Sieb in einen zweiten Topf passieren, dabei die Pflaumen leicht ausdrücken. Die Zitronen auspressen. Den Pflaumensaft mit dem Zitronensaft nochmals aufkochen, 5 Minuten köcheln und dann abkühlen lassen.

Die Pflaumen-Anis-Limo können die Kinder pur oder mit Mineralwasser verdünnt trinken und die Erwachsenen je nach Wunsch im Verhältnis 1 : 3 mit Champagner aufgießen.

FÜR EIN PERFEKTES TIMING

WEIHNACHTEN FÜR GROSS & KLEIN

Weihnachtsbaum-Pizza mit Spinat-Knoblauch-Füllung, S. 104

Weihnachtliche Tomatensuppe mit Sternen-Croûtons, S. 106

Rinderbraten auf Kräuterspätzle und Rotkohl
Käse-Kräuterspätzle für die Kinder, S. 108

Lebkuchen-Schokopudding mit Spekulatiusbröseln, S. 110

Pflaumen-Anis-Limo mit und ohne Champagner, S. 112

MENÜ-VARIATIONEN

In eurer Familie gibt es keine Puddingfans? Dann verwöhnt eure Gäste doch mit Kuchen. Prima passen zu diesem Menü zum Beispiel der Lebkuchen-Schokoladen-Layercake (siehe S. 158) aus dem Edlen Silvestermenü oder der Schoko-Zimt-Gugelhupf mit Gewürzbeeren-Glasur (siehe S. 186) aus dem Menü Silvester quick and easy.

AM VORTAG

- Für den Hauptgang den Rinderbraten mit Weihnachtssauce zubereiten. Das Fleisch in der Sauce im Kühlschrank aufbewahren.
- Für das Dessert den Lebkuchen-Schoko-Pudding zubereiten und im Kühlschrank aufbewahren.

AM FESTTAG

- Die Pflaumen-Anis-Limo zubereiten und im Kühlschrank aufbewahren.
- Die Tomatensuppe zubereiten und kühl aufbewahren.
- Die Kräuterspätzle für den Hauptgang zubereiten und im Kühlschrank aufbewahren.
- Den Pizzateig für den Snack zubereiten und im Kühlschrank aufbewahren.
- Die Füllung für den Snack zubereiten.

1–2 STUNDEN VORHER

- Für die Suppe die Sternen-Croûtons zubereiten und luftdicht verschlossen aufbewahren
- Das Rotkraut für den Hauptgang zubereiten und im Kühlschrank aufbewahren.
- Kurz bevor die Gäste kommen: Den Weihnachtsbaum für den Snack zusammenstellen und backen. Er sollte noch lauwarm sein, wenn er zum Drink serviert wird.

À LA MINUTE

- Wenn die Gäste da sind: Den Drink aufgießen – für die Kinder mit Mineralwasser, für die Erwachsenen mit Champagner – und servieren.
- Zum Begrüßungsdrink den Snack (Weihnachtsbaum-Pizza) servieren.
- Die Tomatensuppe erhitzen, mit den Croûtons anrichten und servieren.
- Für den Hauptgang den Rinderschmorbraten sanft in der Sauce erwärmen.
- Währenddessen die Kräuterspätzle in Butter schwenken und die Käse-Kräuterspätzle für die Kinder zubereiten.
- Den Lebkuchen-Schokopudding aus dem Kühlschrank nehmen, damit er sich auf Zimmertemperatur erwärmt.
- Den Hauptgang (Rinderbraten, Weihnachtssauce, Kräuterspätzle, Rotkohl, Kräuter-Käsespätzle für die Kinder) anrichten und servieren.
- Für das Dessert die Spekulatiusbrösel anrösten.
- Das Dessert (Lebkuchen-Schokopudding, Spekulatiusbrösel) anrichten und servieren.

CHRISTMAS BRUNCH

Ich liebe es, die Weihnachtsfeiertage so richtig zu zelebrieren: jeden Tag mit der Familie kochen, beisammen sein und magische Momente erleben. Ein Brunch am 1. oder 2. Weihnachtsfeiertag ist wunderbar geeignet, um den Zauber des Heiligen Abends zu verlängern. Mit diesen Rezepten geht das völlig stressfrei: herzhaft-scharfe Waffeln, Rührei mit edler Trüffel und Pancakes mit gerösteten Beeren sind wirklich schnell gemacht. Brot mit Cheddar, Walnüssen und Rosmarin, Rotweinzwiebeln und Orangen-Ingwer-Marmelade lassen sich prima vorbereiten. Ein fruchtiger Salat mit Hähnchen in einer Sternanis-Soja-glasur rundet den Brunch ab. Dazu eine köstliche heiße Schokolade ... und ich bin im Weihnachtshimmel.

Zubereitungszeit ca. 3 Stunden für das gesamte Menü

Herzhafte Waffeln mit Bacon, Cheddar und Chili

Rührei mit Trüffel

Pancakes mit gerösteten Beeren und Mascarponecreme

Brot mit Cheddar, Walnüssen und Rosmarin

Weihnachtliche Rotweinzwiebeln & Orangen-Ingwer-Marmelade

Rucolasalat mit Hähnchen, Pekannüssen und Granatapfel

Weihnachtsschokolade

Bacon | Cheddar | Chili

HERZHAFTE WAFFELN MIT BACON, CHEDDAR UND CHILI

FÜR 4 PERSONEN

50 g Haferflocken

240 g Mehl (Type 405)

2 TL Backpulver

½ TL Cayennepfeffer

Salz

370 ml Milch

120 g Joghurt

60 ml Öl

30 ml Ahornsirup

8 Scheiben Bacon

1–2 rote Chilischoten (nach Belieben)

90 g Cheddar

Die Haferflocken in einer Schüssel mit Mehl, Backpulver, Cayennepfeffer und 2 TL Salz mischen. Milch, Joghurt, Öl und Ahornsirup unterrühren. Den Bacon in einer Pfanne ohne Fett bei mittlerer Hitze von beiden Seiten knusprig braten, anschließend auf Küchenpapier abtropfen lassen und fein hacken. Die Chilischoten waschen, trocken tupfen, entkernen und fein hacken. Den Cheddar reiben. Bacon, Chili und Cheddar unter den Waffelteig rühren.

Ein Waffeleisen erhitzen, mit etwas Öl bepinseln und die Waffeln portionsweise backen.

Hierzu passt das Trüffel-Rührei ganz wunderbar. Man kann die Waffeln auch abwandeln: Gehackte Nüsse im Teig, z. B. Haselnüsse oder Walnüsse, sorgen für einen zusätzlichen Knuspereffekt. Auch Kräuter sind toll. Probier die Waffeln doch mal mit Cheddar, Bacon und Salbei.

Ei | Trüffel

RÜHREI MIT TRÜFFEL

FÜR 4 PERSONEN

8 Eier (Größe M)

Meersalz

20 g Sahne

1 TL Butter

4 EL gehobelte Trüffel

frisch gemahlener schwarzer Pfeffer

Die Eier in einer großen Schüssel mit ½ TL Salz und der Sahne verrühren. Die Butter in einer Pfanne erhitzen und die verquirlten Eier in die Pfanne geben. Bei mittlerer Hitze etwa 3 Minuten garen, sodass das Rührei noch schön saftig ist. Dabei immer mal wieder durchrühren. Zum Schluss die Trüffelhobel unterheben. Das Rührei sofort mit etwas Pfeffer bestreuen und servieren.

PANCAKES MIT GERÖSTETEN BEEREN UND MASCARPONECREME

FÜR 4 PERSONEN

FÜR DIE GERÖSTETEN WEIHNACHTSBEEREN

400 g gemischte TK-Beeren

160 g Zucker

½ TL Lebkuchengewürz

FÜR 8–10 PANCAKES

200 g Mehl (Type 405)

2 TL Backpulver

3 EL Zucker

Salz

1 Ei (Größe L)

230 ml Milch

2 EL Butter

½ Bio-Zitrone

1 EL Öl

FÜR DIE MASCARPONECREME

140 g Mascarpone

50 g Puderzucker

1–2 EL Milch

Für die Weihnachtsbeeren die Beeren in einen Topf geben. Zucker und Lebkuchengewürz hinzufügen und etwa 10 Minuten sanft köcheln lassen, bis ein Kompott entsteht.

Für die Pancakes Mehl, Backpulver, Zucker und 1 Prise Salz mischen. Das Ei in einer Schüssel mit der Milch verquirlen, die Butter zerlassen und unterrühren. Die Mehlmischung zum Ei-Gemisch geben. Die Zitronenschale abreiben und unterheben. Nur so lange rühren, bis beide Mischungen so gerade verbunden sind. Etwas Öl in einer Pfanne erhitzen, für jeden Pancake eine kleine Kelle Teig in die Pfanne setzen und die Pancakes von beiden Seiten backen, bis sie goldbraun sind.

Für die Mascarponecreme die Mascarpone in eine Schüssel geben und mit dem Puderzucker und der Milch glatt rühren.

Die Pancakes mit den gerösteten Weihnachtsbeeren und der Mascarponecreme servieren.

BROT MIT CHEDDAR, WALNÜSSEN UND ROSMARIN

FÜR 4 PERSONEN

320 g Mehl (Type 405)

1 TL Backpulver

Salz

210 ml Buttermilch

75 g Walnusskerne

40 g Cheddar

1 Zweig Rosmarin

AUSSERDEM

1 Dutch Oven oder
2 Backformen (ø 20 cm)

Butter und Mehl für die Form

Den Dutch Oven oder eine runde Backform einfetten und mehlen. Den Ofen auf 220 °C Ober-/Unterhitze vorheizen.

Mehl und Backpulver mit 2 TL Salz in eine Schüssel geben und vermischen. Die Buttermilch hinzugeben und unterrühren, bis sich alles gut verbunden hat. Die Walnüsse grob hacken und in einer Pfanne ohne Fett sanft rösten. Den Cheddar reiben, den Rosmarin waschen, trocken schütteln, die Nadeln abzupfen und fein hacken.

Den Teig auf eine bemehlte Arbeitsplatte geben und die Walnüsse, den Cheddar und den Rosmarin einkneten. Zu einer Kugel formen, in die vorbereitete Form legen und mit dem Deckel oder einer weiteren Kuchenform abdecken.

Das Brot abgedeckt im vorgeheizten Ofen (unten) 25 Minuten backen. Danach weitere 5 Minuten ohne Abdeckung goldgelb backen.

Rotwein | Zwiebel | Kirschlikör | Zimt | Lebkuchengewürz

WEIHNACHTLICHE ROTWEINZWIEBELN

FÜR ETWA 250 G

500 g rote Zwiebeln

50 g Vollrohrzucker

2 EL Rotweinessig

¼ TL gemahlener Zimt

¼ TL Lebkuchengewürz

100 ml Kirschlikör

150 ml Rotwein

AUSSERDEM

1 Schraubglas (250 ml)

Die Zwiebeln schälen und vierteln. Mit dem Zucker in eine Pfanne geben und bei niedriger Hitze karamellisieren lassen. Sobald der Zucker goldgelb ist, mit dem Essig ablöschen. Die Flüssigkeit ein wenig einköcheln lassen, dann Zimt, Lebkuchengewürz, Kirschlikör und Rotwein dazugeben. Weitere 20 Minuten bei niedriger Hitze köcheln lassen, bis die Flüssigkeit sirupartig ist.

Das Zwiebelconfit noch heiß in ein Schraubglas füllen und abkühlen lassen.

Orange | Ingwer | Zimt | Pfeffer

ORANGEN-INGWER-MARMELADE

FÜR ETWA 250 G

4 große Bio-Orangen

8 g frischer Ingwer

6 EL Zucker

¼ TL gemahlener Zimt

Salz

¼ TL Pfeffer

AUSSERDEM

1 Schraubglas (250 ml)

Zwei der Orangen schälen. Das Fruchtfleisch filetieren, von eventuellen Kernen befreien, grob in Stücke schneiden und in einen Topf geben. Die Schale der anderen beiden Orangen mit einem Sparschäler abschälen, das Weiße mit einem Filetiermesser entfernen und die Schale fein hacken. Die beiden Orangen anschließend auspressen (ergibt ca. 150 ml Saft). Schale und Saft zu den filetierten Orangenstückchen in den Topf geben.

Den Ingwer schälen und fein hacken. Zucker, Zimt, ¼ TL Salz, Pfeffer und Ingwer zu den Orangen geben und alles etwa 20 Minuten sanft köcheln lassen, bis die Flüssigkeit andickt. Gelierprobe machen, dafür 2 TL der Masse auf einen kalten Teller geben. Wird die Marmelade fest, ist sie fertig. Die Marmelade in ein sauberes Schraubglas füllen und kühl und trocken aufbewahren.

RUCOLASALAT MIT HÄHNCHEN, PEKANNÜSSEN UND GRANATAPFEL

FÜR 4 PERSONEN

FÜR DAS HÄHNCHEN

700 g Hähnchenbrustfilets
4 EL Olivenöl
Salz
½ TL gemahlener Kreuzkümmel
200 ml Sojasauce
40 g Zucker
4 Sternanis

FÜR DEN SALAT

200 g Rucola
120 g Pekannusskerne
1 Apfel (z. B. Braeburn)
1 Granatapfel
2 EL Olivenöl
Salz

AUSSERDEM

Auflaufform (ca. 25 x 20 cm)

Für das Hähnchen den Ofen auf 180 °C Ober-/Unterhitze vorheizen.

Die Hähnchenstücke mit Olivenöl, 1 Prise Salz und Kreuzkümmel einreiben, in eine Auflaufform geben und im Ofen (Mitte) etwa 25 Minuten garen. Die Sojasauce mit Zucker und Sternanis in einen Topf geben und etwa 10 Minuten bei sanfter Hitze köcheln lassen, um sie zu reduzieren.

Das Hähnchen aus dem Ofen nehmen, mit der Sojaglasur einpinseln und weitere 5 Minuten im Ofen garen. Dann herausnehmen und zum Abkühlen beiseitestellen.

Den Rucola verlesen, waschen und trocken schleudern. Die Pekannüsse in einer Pfanne ohne Fett sanft rösten. Den Apfel waschen, halbieren, vierteln, die Kerne entfernen und in feine Scheiben schneiden. Die Kerne aus dem Granatapfel auslösen.

Kurz vor dem Servieren den Rucola vorsichtig mit Olivenöl und ½ TL Salz vermengen und mit den Pekannüssen, Granatapfelkernen und Apfelscheiben mischen. Das Hähnchen in Scheiben schneiden und auf dem Salat anrichten, lauwarm oder kalt servieren.

WEIHNACHTSSCHOKOLADE

FÜR 4 PERSONEN

FÜR DIE SCHOKOLADE

100 g dunkle Kuvertüre

1 ½ TL gemahlener Zimt

1 TL Allspice

1 Prise gemahlene Tonkabohne

8 EL Zucker

10 EL Honig

1 l Milch

FÜR DEN ZUCKERRAND

1 bunte Zuckerstange

50 g Zucker

½ Zitrone

Die Kuvertüre in einen Topf geben und die Gewürze, den Zucker und den Honig hinzufügen. 200 ml Milch dazugeben und alles sanft und unter Rühren erhitzen, bis die Schokolade geschmolzen und eine dickflüssige Paste entstanden ist. Weitere 800 ml Milch hinzufügen und unter Rühren erhitzen.

Für den Zuckerrand eine Zuckerstange in einen Gefrierbeutel geben und mit einem Fleischklopfer zu einer fein-bröseligen Zuckermischung klopfen. Mit dem Zucker mischen und auf einen kleinen Teller geben. Die Zitrone auspressen und den Saft ebenfalls auf einen kleinen Teller geben, sodass er 1–2 mm hochsteht. Ein Glas zunächst umgedreht auf den Teller mit Zitronensaft stellen, sodass der Rand befeuchtet wird. Dann in den Zucker drücken und dabei leicht drehen. Mit allen Gläsern so verfahren.

Die Weihnachtsschokolade in die Gläser füllen und servieren.

FÜR EIN PERFEKTES TIMING

CHRISTMAS BRUNCH

Herzhafte Waffeln mit Bacon, Cheddar und Chili, S. 118

Rührei mit Trüffel, S. 118

Pancakes mit gerösteten Beeren und Mascarponecreme, S. 120

Brot mit Cheddar, Walnüssen und Rosmarin, S. 122

Weihnachtliche Rotweinzwiebeln, S. 124

Orangen-Ingwer-Marmelade, S. 124

Rucolasalat mit Hähnchen, Pekannüssen und Granatapfel, S. 126

Weihnachtsschokolade, S. 128

HÖCHSTENS 1 WOCHE VORHER

- Die Rotweinzwiebeln zubereiten und in einem verschlossenen Glas im Kühlschrank aufbewahren.
- Die Orangen-Ingwer-Marmelade zubereiten und im Kühlschrank aufbewahren.

AM FESTTAG

- Die Weihnachtsbeeren für die Pancakes zubereiten und im Kühlschrank aufbewahren.
- Die Weihnachtsschokolade zubereiten und im Kühlschrank aufbewahren.
- Ab mittags: Die Mascarponecreme für die Pancakes zubereiten und im Kühlschrank aufbewahren.
- Ab mittags: Das Brot mit Cheddar, Walnüssen und Rosmarin zubereiten.

1–2 STUNDEN VORHER

- Die Pancakes zubereiten und gegebenfalls warm halten.
- Die Hähnchenfilets für den Salat zubereiten.

KURZ BEVOR DIE GÄSTE KOMMEN

- Den Salat zubereiten, das Hähnchen in Scheiben schneiden und auf dem Salat anrichten.
- Nach Belieben die Weihnachtsbeeren sanft erhitzen.
- Alle fertigen Gerichte auf einem Buffet anrichten.
- Die Gläser mit Zuckerrand für die Weihnachtsschokolade vorbereiten.
- Die herzhaften Waffeln zubereiten.

WENN DIE GÄSTE DA SIND

- Die Weihnachtsschokolade erhitzen und in die vorbereiteten Gläser füllen.
- Kurz vor der Eröffnung des Buffets: Das Rührei mit Trüffel zubereiten und auf das Buffet stellen.

MENÜ-VARIATIONEN

Der Christmas Brunch und das Vegetarische Christmas Fingerfood lassen sich nach Lust und Laune miteinander kombinieren. Vor allem die riesige Käseplatte mit tollen Früchten, Nüssen und Crackern (siehe S. 134) passt zum Brunch hervorragend. Auch die Marmeladen aus dem Vegetarischen Christmas Fingerfood (siehe S. 136) sind wunderbare Ergänzungen für einen ausgedehnten Christmas Brunch.

VEGETARISCHES CHRISTMAS FINGERFOOD

Auch zu Weihnachten muss es nicht immer ein klassisches Menü sein. Fingerfood kann ebenso edel sein und lässt sich ganz wunderbar vorbereiten. So könnt ihr den Weihnachtsabend ganz stressfrei begehen. Die Rezepte sind vegetarisch. Wenn ihr ausgesprochene Fleischliebhaber unter euren Gästen habt, könnt ihr neben der Käseplatte einfach noch Wurst und Schinken anbieten. Dieses Fingerfood verwandelt den Weihnachtstisch in eine Schlemmeroase und ist eine moderne Variante des klassischen Weihnachtsessens, Anklänge aus dem Morgenland inbegriffen.

Zubereitungszeit ca. 3 Stunden für das komplette Menü

Riesige Käseplatte mit tollen Früchten, Nüssen und Crackern

Orangen-Zimt-Marmelade mit Thymian & Feigen-Rosmarin-Konfitüre

Hummus mit Gemüsechips und Kräuteröl

Orientalische Maple Roasted Carrots mit Tahindressing

Blätterteigmuffins mit Ziegenkäse und Feigen

Vegane Teriyaki-Bällchen

Pink Gin (S. 34), Limoncello Spritz (S. 66) oder Amaretto-Drink (S. 82)

RIESIGE KÄSEPLATTE MIT TOLLEN FRÜCHTEN, NÜSSEN UND CRACKERN

FÜR 4 PERSONEN

3–4 Käsestücke à 200–300 g (z. B. Alpenkäse, Camembert mit Pfeffer, Roquefort, Ziegenkäse)

250 g helle Weintrauben

250 g dunkle Weintrauben

1 Sternfrucht

1 Grapefruit

1 Zitrone

½ Granatapfel

1 Apfel (z. B. Braeburn)

1 Handvoll Physalis

Pistazien

1 Passionsfrucht

100 g dunkle Oliven

Cracker, Brezeln

Den Käse auf eine große Platte legen. Die Früchte waschen und trocken tupfen. Die Sternfrucht in dicke Scheiben schneiden. Die Grapefruit und die Zitrone halbieren. Die Kerne des Granatapfels auslösen. Den Apfel in dünne Scheiben schneiden.

Alle Früchte, Nüsse, Oliven, Cracker und Brezeln um den Käse anrichten und mit der Orangen-Zimt-Marmelade und der Feigen-Rosmarin-Konfitüre (siehe S. 136) servieren.

Orange | Zimt | Thymian

ORANGEN-ZIMT-MARMELADE MIT THYMIAN

FÜR ETWA 250 G

4 große Bio-Orangen

6 EL Zucker

¼ TL gemahlener Zimt

Salz, ¼ TL Pfeffer

½ Bund Thymian

AUSSERDEM

1 Schraubglas (250 ml)

Zwei der Orangen schälen, das Fruchtfleisch filetieren, von eventuellen Kernen befreien, grob in Stücke schneiden und in einen Topf geben. Die anderen beiden Orangen waschen, die Schale mit einem Sparschäler abschälen, das Weiße mit einem Filetiermesser entfernen und die Schale fein hacken. Die beiden Orangen anschließend auspressen (ergibt ca. 150 ml Saft). Schale und Saft zu den filetierten Orangenstückchen in den Topf geben.

Zucker, Zimt, ¼ TL Salz und Pfeffer zu den Orangen geben und alles etwa 20 Minuten sanft köcheln lassen, bis die Flüssigkeit andickt. In der Zwischenzeit den Thymian waschen, trocken schütteln und die Blättchen abzupfen. Die Gelierprobe machen (siehe S. 124). Wenn die Marmelade fertig ist, die Thymianblättchen unterrühren. Die Marmelade noch heiß in ein Schraubglas füllen und kühl lagern.

Feige | Rosmarin

FEIGEN-ROSMARIN-KONFITÜRE

FÜR ETWA 500 G

450 g getrocknete Feigen

60 g Rohrzucker

120 g Zucker

20 g Zuckerrübensirup

1 EL Apfelessig

1 EL Zitronensaft

Salz, 1 TL gemahlener Zimt

½ Bio-Orange

3 Zweige Rosmarin

AUSSERDEM

1 Schraubglas (500 ml)

Die Feigen vierteln und den Stielansatz entfernen. Die Feigen mit Rohrzucker, Zucker, Zuckerrübensirup, Apfelessig, Zitronensaft, ½ TL Salz und Zimt in einen Topf geben, 100 ml Wasser hinzufügen und alles abgedeckt etwa 40 Minuten sanft köcheln lassen. Danach ohne Deckel weitere 20 Minuten köcheln, bis die Feigen sehr weich sind und nur noch wenig Restflüssigkeit vorhanden ist.

In der Zwischenzeit die Schale der Orange mit einem Sparschäler abschälen und das Weiße mithilfe eines Filetiermessers entfernen. Die Schale hacken. Den Rosmarin waschen, trocken schütteln und die Nadeln von den Zweigen zupfen. Die Nadeln und die Orangenschale zu den Feigen geben und alles mit dem Stabmixer fein pürieren. Die Feigenkonfitüre bis zur weiteren Verwendung in ein Schraubglas geben und kühl aufbewahren.

HUMMUS MIT GEMÜSECHIPS UND KRÄUTERÖL

FÜR 4 PERSONEN

FÜR DIE GEMÜSECHIPS

200 g Kürbis (z. B. Hokkaido)

200 g Kartoffeln

6 EL Olivenöl

Salz

½ TL Cayennepfeffer

1 große Rote Bete

FÜR DAS HUMMUS

260 g Kichererbsen (Dose)

½ Zitrone

65 ml Olivenöl

Salz

½ TL gemahlener Kreuzkümmel

1 EL Tahin (Sesammus)

2 EL Pinienkerne

2 EL Mandeln

¼ Granatapfel

Weintrauben (nach Belieben)

FÜR DAS KRÄUTERÖL

½ Bund Koriandergrün

½ Bund glatte Petersilie

2 Knoblauchzehen

6 EL Olivenöl, Meersalz

Den Ofen auf 120 °C Umluft vorheizen. Zwei Backbleche mit Backpapier belegen.

Den Kürbis und die Kartoffeln waschen, trocken tupfen und ungeschält in hauchdünne Scheiben schneiden oder hobeln. Mit 4 EL Öl, 1 TL Salz und dem Cayennepfeffer vermischen. Die Rote Bete mit Handschuhen schälen und ebenfalls in dünne Scheiben schneiden oder hobeln, mit dem restlichen Öl (2 EL) und ½ TL Salz vermischen.

Zwei Backbleche mit Backpapier belegen und die Gemüsescheiben darauf verteilen. Darauf achten, dass die Scheiben nicht übereinander liegen. Das Gemüse im vorgeheizten Ofen etwa 20–25 Minuten rösten, bis es leicht knusprig ist. Nach der Hälfte der Zeit die Bleche tauschen. Anschließend das Gemüse 5 Minuten auf dem Backblech im geöffneten Ofen ruhen lassen.

Für das Hummus die Kichererbsen abspülen, abtropfen lassen. Die Zitrone auspressen. Kichererbsen mit Olivenöl, 3 EL Wasser, ½ TL Salz, Kreuzkümmel, Tahin und Zitronensaft zu einem glatten Püree mixen.

Für das Kräuteröl Koriander und Petersilie waschen, trocken schütteln und den Knoblauch grob hacken. Kräuter mitsamt den Stielen und Knoblauch mit Olivenöl und 1 TL Salz in einen hohen Becher geben und mit dem Stabmixer zu einem Kräuteröl mixen.

Die Pinienkerne und Mandeln in einer Pfanne ohne Fett bei niedriger Hitze leicht rösten. Die Kerne aus dem Granatapfel lösen. Das Hummus in einer Schale anrichten und mit den Gemüsechips, Pinienkernen, Mandeln, Granatapfelkernen und, falls gewünscht, mit Weintrauben anrichten. Mit dem Kräuteröl beträufeln und servieren.

Möhre | Cayennepfeffer | Five Spice | Ahornsirup | Tahin | Orange | Koriander | Granatapfel

ORIENTALISCHE MAPLE ROASTED CARROTS MIT TAHINDRESSING

FÜR 4 PERSONEN

FÜR DIE CARROTS

20 ml Olivenöl

30 ml Ahornsirup

Salz

¼ TL Cayennepfeffer

¼ TL Fünf-Gewürze-Pulver

300 g Möhren (mit Grün)

½ Bund Koriandergrün

¼ Granatapfel

1 Bio-Orange

getrocknete Blüten (nach Belieben)

FÜR DAS TAHINDRESSING

1 EL Joghurt

1 TL Tahin (Sesammus)

Salz

Den Ofen auf 180 °C Umluft (200 °C Ober-/Unterhitze) vorheizen. Ein Backblech mit Backpapier belegen.

Für die Möhren zunächst die Marinade zubereiten. Hierfür das Olivenöl, Ahornsirup, ½ TL Salz, Cayennepfeffer und Fünf-Gewürze-Pulver verrühren. Das Grün der Möhren so abschneiden, dass noch ein kleiner Strunk stehen bleibt. Die Möhren waschen, trocken tupfen und der Länge nach halbieren, dann mit der Marinade mischen und auf dem Backblech ausbreiten. Im vorgeheizten Ofen etwa 15 Minuten garen.

In der Zwischenzeit für das Tahindressing den Joghurt mit 1 EL Wasser, Tahin und 1 Prise Salz zu einer glatten Creme rühren.

Den Koriander waschen, trocken schütteln, Stiele und Blätter grob hacken. Die Kerne des Granatapfels auslösen. Die Orange waschen, die Schale abreiben.

Kurz vor dem Servieren die Möhren mit Koriander, Granatapfelkernen, Orangenschale und nach Belieben mit getrockneten Blüten garnieren. Mit dem Tahindressing beträufeln.

BLÄTTERTEIGMUFFINS MIT ZIEGENKÄSE UND FEIGEN

FÜR 4 PERSONEN

250 g Blätterteig

200 g Ziegenkäse (feste Rolle)

1 Feige

4 EL Honig

2 Zweige Rosmarin

20 g Walnusskerne

1 Bio-Orange

AUSSERDEM

Muffinform für 6 Muffins

etwas Öl für die Form

Den Ofen auf 180 °C Umluft vorheizen. Die Mulden der Muffinform mit etwas Öl einfetten.

Den Blätterteig in 12 gleich große Quadrate schneiden. Jeweils 2 Quadrate sternförmig übereinanderlegen und sanft in eine Mulde der Form drücken, die Spitzen dürfen herausschauen. Den Ziegenkäse in 6 Scheiben schneiden. Die Feige waschen, trocken tupfen und in 6 Scheiben schneiden. Den Ziegenkäse und die Feigen auf die sechs Mulden aufteilen, mit 2 EL Honig beträufeln und im Ofen etwa 10 Minuten backen.

Die Rosmarinzweige waschen, trocken tupfen und die Nadeln abzupfen. Die Walnüsse in einer Pfanne ohne Fett bei niedriger Hitze rösten. Die Orange waschen, die Schale fein abreiben und die Hälfte der Schale mit dem restlichen Honig (2 EL) verrühren.

Die fertigen Blätterteigmuffins mit Rosmarinnadeln und Walnüssen garnieren, mit Orangenhonig beträufeln und mit der verbliebenen Hälfte des Orangenabriebs bestreuen.

VEGANE TERIYAKI-BÄLLCHEN

FÜR 4 PERSONEN

FÜR DIE BÄLLCHEN

50 g Quinoa

1 Schalotte

½ TL Öl

1 EL Tomatenmark

2 EL Sojasauce

1 EL Honig

1 ¼ TL gemahlener Kreuzkümmel

¼ TL Chili-Paprika-Flocken

¼ TL Cayennepfeffer

½ TL Oregano

250 g schwarze Bohnen (Dose)

60 g gemahlene Mandeln

50 g Walnusskerne

FÜR DIE TERIYAKISAUCE

110 ml Sojasauce

50 ml Honig

1 EL Sesamöl

¼ TL Fünf-Gewürze-Pulver

1 Msp. Cayennepfeffer

¼ TL gemahlener Anis

¼–½ TL Johannisbrotkernmehl

Den Ofen auf 180 °C Umluft vorheizen und ein Backblech mit Backpapier belegen.

Für die Bällchen die Quinoa abspülen, in kochendem Wasser etwa 10 Minuten garen, anschließend abgießen und gut abtropfen lassen.

Die Schalotte schälen und fein würfeln. Das Öl in einer Pfanne erhitzen und die Schalotte darin bei niedriger Hitze andünsten. Das Tomatenmark hinzufügen, kurz anrösten, dann mit Sojasauce und Honig ablöschen und 2 Minuten köcheln lassen. In einen Mixer geben und mit den Gewürzen, den Bohnen, der gekochten Quinoa, den Mandeln und Walnüssen zu einer groben homogenen Masse pürieren. Es dürfen noch Nussstückchen erkennbar sein.

Die Masse mit feuchten Händen zu walnussgroßen Bällchen formen und diese auf das Backblech setzen. Die Bällchen im vorgeheizten Ofen etwa 20 Minuten garen.

In der Zwischenzeit die Teriyakisauce zubereiten. Dafür die Sojasauce mit dem Honig, Sesamöl, Fünf-Gewürze-Pulver, Cayennepfeffer und Anis in einen Topf geben und 5 Minuten sanft köcheln lassen. Dann zum Binden zunächst ¼ TL Johannisbrotkernmehl hinzugeben, umrühren und die Konsistenz testen. Wird mehr benötigt, die Menge langsam erhöhen.

Die Bällchen aus dem Ofen nehmen, mit der Hälfte der Sauce glasieren und im Ofen weitere 5 Minuten garen. Dann herausnehmen und mit der restlichen Sauce servieren.

FÜR EIN PERFEKTES TIMING

VEGETARISCHES CHRISTMAS FINGERFOOD

Riesige Käseplatte mit tollen Früchten, Nüssen und Crackern, S. 134

Orangen-Zimt-Marmelade mit Thymian, S. 136

Feigen-Rosmarin-Konfitüre, S. 136

Hummus mit Gemüsechips und Kräuteröl, S. 138

Orientalische Maple Roasted Carrots mit Tahindressing, S. 140

Blätterteigmuffins mit Ziegenkäse und Feigen, S. 142

Vegane Teriyaki-Bällchen, S. 144

Pink Gin (S. 34), Limoncello Spritz (S. 66) oder Amaretto-Drink (S. 82)

HÖCHSTENS 1 WOCHE VORHER

- Die Orangen-Zimt-Marmelade zubereiten, den Thymian allerdings erst am Festtag unterheben.

HÖCHSTENS 3 TAGE VORHER

- Die Feigen-Rosmarin-Konfitüre zubereiten.

AM VORTAG

- Die Gemüsechips für den Hummus zubereiten und luftdicht verschlossen aufbewahren.
- Die Zutaten für die Drinks kalt stellen.

AM FESTTAG

- Den Hummus zubereiten und kühl aufbewahren.
- Das Tahindressing für die Maple Roasted Carrots zubereiten und im Kühlschrank aufbewahren.
- Ab mittags: Die veganen Teriyaki-Bällchen und die Teriyakisauce zubereiten, im Kühlschrank aufbewahren.

1–2 STUNDEN VORHER

- Die Blätterteigmuffins zubereiten, aber noch nicht mit dem Orangenhonig beträufeln.
- Die Maple Roasted Carrots zubereiten – noch ohne die Toppings.
- Die Käseplatte anrichten, mit Klarsichtfolie bedecken und kühl, aber möglichst nicht im Kühlschrank lagern.
- Das Kräuteröl für den Hummus zubereiten.
- Den Hummus aus dem Kühlschrank nehmen.

KURZ BEVOR DIE GÄSTE KOMMEN

- Die Drinks mischen.
- Den Hummus auf einer Platte anrichten, mit Toppings bestreuen und mit dem Kräuteröl beträufeln
- Die Maple Roasted Carrots mit den Toppings anrichten und mit Tahin-Joghurt beträufeln.
- Die Teriyaki-Bällchen 10 Minuten im Ofen erwärmen (120 °C Ober-/Unterhitze).
- Die Blätterteigmuffins mit dem Honig beträufeln.
- Alle Gerichte (Käseplatte und Marmeladen, Hummus, Maple Roasted Carrots, Blätterteigmuffins, Teriyaki-Bällchen mit Sauce) auf einem Buffet anrichten.

MENÜ-VARIATIONEN

Das Vegetarische Christmas Fingerfood könnt ihr prima mit Gerichten vom Christmas Brunch ergänzen: Ich liebe die herzhaften Waffeln mit Bacon, Cheddar und Chili (siehe S. 118) – für ein vegetarisches Bufett natürlich ohne Bacon. Wer zusätzlich noch ein tolles Brot sucht, wird beim Christmas Brunch auch fündig: Das Brot mit Cheddar, Walnüssen und Rosmarin (siehe S. 122) ist schnell gemacht und schmeckt einfach herrlich.

EDLES SILVESTERMENÜ

Möchtet ihr das Jahr edel und besonders festlich ausklingen lassen? Für eine besondere Stimmung sorgt diese köstliche Zusammenstellung an aromenreichen Gerichten. Ein cremiges Süppchen mit Kräuteröl und jeder Menge Knusper ist ein toller Einstieg. Die Granita erfrischt im Zwischengang und macht Vorfreude auf das köstliche Rinderfilet im Hauptgang. Das kommt mit Kräuterbutter und Pilzrahm klassisch daher und wird auf einer knusprigen Kartoffel serviert. Ein super edler und absolut umwerfend-köstlicher Abschluss ist der schokoladige Layercake. Das Tolle ist: Von ihm bleibt garantiert noch etwas für die späteren Abendstunden übrig.

Zubereitungszeit ca. 4 Stunden für das komplette Menü

VORSPEISE

Selleriesuppe mit Gremolata und Pumpernickel-Croûtons

ZWISCHENGANG

Orangen-Rosmarin-Granita

HAUPTGANG

Rinderfilet mit Bacon-Rosmarin-Butter und Pilzrahm auf krossen Kartoffeln

DESSERT

Lebkuchen-Schokoladen-Layercake

GETRÄNK

Brombeer-Thymian-Drink

SELLERIESUPPE MIT GREMOLATA UND PUMPERNICKEL-CROÛTONS

FÜR 4 PERSONEN

FÜR DIE SUPPE

900 g Knollensellerie

2 Zwiebeln

2 TL Butter

400 g Sahne

800 ml Hühnerbrühe

30 g Parmesan

FÜR DIE TOPPINGS

1 Bund glatte Petersilie

2 EL Olivenöl

Salz

4 EL Walnusskerne

1 Scheibe Pumpernickel

1 TL Kokosöl

Für die Suppe den Sellerie schälen und grob würfeln. Die Zwiebeln schälen und fein würfeln. Die Butter in einem Topf zerlassen. Den Sellerie mit den Zwiebeln darin bei niedriger Hitze 2 Minuten anschwitzen, dann mit Sahne und Brühe ablöschen. Kurz aufkochen und abgedeckt etwa 20 Minuten sanft köcheln lassen. Währenddessen den Parmesan reiben. Die Suppe mit dem Stabmixer pürieren, den Parmesan hinzufügen und erneut aufkochen lassen.

In der Zwischenzeit für die Toppings die Petersilie waschen, trocken schütteln und Blätter und Stiele mittelfein hacken. Die Hälfte mit dem Olivenöl und 1 Prise Salz mit dem Stabmixer pürieren. Die Walnüsse grob hacken und in einer Pfanne ohne Fett sanft rösten. Mit der restlichen Petersilie mischen. Den Pumpernickel in 1 cm große Würfel schneiden. Das Öl in einer Pfanne erhitzen und die Würfel darin etwa 5 Minuten knusprig braten, dabei öfter umrühren.

Zum Servieren die heiße Suppe mit dem Petersilienöl beträufeln und mit der Petersilien-Walnuss-Gremolata und den Pumpernickel-Croûtons garnieren.

ORANGEN-ROSMARIN-GRANITA

FÜR 4 PERSONEN

80 g Zucker

4 Zweige Rosmarin

3 Orangen

Den Zucker mit 210 ml Wasser in einen Topf geben. Die Rosmarinzweige waschen, trocken schütteln und zwei Zweige in den Topf geben. Alles langsam erhitzen, bis sich der Zucker gelöst hat. Den Sirup im Topf auskühlen lassen, dann durch ein Sieb seihen.

Nun die Orangen auspressen. Das sollte etwa 250 ml Saft ergeben. Den Sirup mit dem Orangensaft mischen, in eine flache Form füllen und ins Gefrierfach stellen.

Nach 2 Stunden mit einer Gabel durchrühren und die gefrorenen Kristalle gut durchmischen. Weitere 3 Stunden einfrieren. Mit einer Gabel bearbeiten, dabei mit den Gabelzacken über die gefrorene Masse kratzen, bis die Masse locker und flockenartig ist. Servieren. Das Granita kann aber auch länger eingefroren bleiben. Wenn die Masse wieder zu fest geworden ist, mit einer Gabel erneut bearbeiten.

Die Granita erst unmittelbar vor dem Servieren in die Gläser füllen und jedes Glas mit ½ Rosmarinzweig garnieren.

RINDERFILET MIT BACON-ROSMARIN-BUTTER UND PILZRAHM AUF KROSSEN KARTOFFELN

FÜR 4 PERSONEN

FÜR DIE BACON-ROSMARIN-BUTTER

6 dünne Scheiben Bacon

2 kleine lila Schalotten

2 Zweige Rosmarin

200 g weiche Butter

Salz

¼ TL Chili-Paprika-Flocken

FÜR DIE KARTOFFELN

1 kg mittelgroße Bio-Kartoffeln

30 ml Olivenöl

½ TL Cayennepfeffer

½ TL rosenscharfes Paprikapulver (alternativ geräuchertes Paprikapulver)

Meersalz

frisch gemahlener schwarzer Pfeffer

Das Rinderfilet aus dem Kühlschrank nehmen, damit es Zimmertemperatur annehmen kann.

Für die Bacon-Rosmarin-Butter den Bacon in einer Pfanne von beiden Seiten kross braten, auf Küchenpapier auskühlen lassen und fein hacken. Die Schalotten schälen und fein würfeln. Den Rosmarin waschen, trocken schütteln und die Nadeln fein hacken. Die Butter mit Bacon, Schalotten, Rosmarin, ½ TL Salz und Chili-Paprika-Flocken verrühren. Etwa 30 cm Klarsichtfolie ausbreiten und die Butter daraufgeben. Mit den Händen zu einer Rolle formen, dann in die Folie wickeln und die Enden der Folie entgegengesetzt zwirbeln, bis die Rolle fest ist. Die Butter im Kühlschrank mindestens 2 Stunden hart werden lassen.

Die Kartoffeln gut abbürsten und mit der Schale in Salzwasser je nach Größe etwa 30 Minuten kochen. Die Kartoffeln einige Minuten auskühlen lassen.

Den Ofen auf 200 °C Ober-/Unterhitze vorheizen. Ein Backblech mit Backpapier belegen.

Das Olivenöl mit Cayennepfeffer, Paprika, ½ TL Meersalz und Pfeffer verrühren und die Kartoffeln mit der Hälfte des Öls einreiben. Die Kartoffeln nun mit Abstand auf das Backblech geben und mit einem weiteren Backpapier abdecken. Mit einem Topf platt drücken, bis die Kartoffeln nur noch etwa 2 cm hoch sind. Die Kartoffeln mit dem restlichen Würzöl einpinseln und im Ofen (Mitte) etwa 20–30 Minuten rösten, bis sie richtig schön kross sind. Anschließend die Temperatur auf 120 °C Ober-/Unterhitze reduzieren. Die Kartoffeln auf der untersten Schiene im Ofen warm halten. Eine Auflaufform für die Rinderfilets zum Vorwärmen in den Ofen stellen.

Weiter geht's auf der nächsten Seite.

FÜR DAS RINDERFILET

4 Rinderfiletmedaillons
(à ca. 200 g, ca. 5 cm dick)

frisch gemahlener
schwarzer Pfeffer

Meersalz

FÜR DEN PILZRAHM

500 g gemischte Pilze (z. B. braune Champignons, Kräuterseitlinge)

1 EL Butter

200 g Sahne

Meersalz

2 Zweige Rosmarin

AUSSERDEM

Auflaufform (ca. 25 x 20 cm)

Die Rinderfilets in einer heißen Pfanne ohne Fett von allen Seiten scharf anbraten. Die Filets in die vorgewärmte Auflaufform geben und im 120 °C warmen Ofen (Mitte) etwa 30 Minuten garen. Dabei die Filets mehrmals wenden, damit sich der Fleischsaft gut verteilt. Anschließend mit Pfeffer und Salz nach Belieben würzen.

Während die Filets im Ofen garen, für den Pilzrahm die Pilze putzen und in Scheiben schneiden. Die Butter in einer Pfanne erhitzen und die Pilze darin 3–4 Minuten rösten. Mit Sahne ablöschen und mit ½ TL Salz würzen, dann weitere 3–4 Minuten einköcheln lassen, bis die Sauce leicht angedickt ist.

Den Pilzrahm auf Teller geben, jeweils eine platte geröstete Kartoffel und ein Rinderfilet aufsetzen. Mit jeweils einer Scheibe von der Bacon-Rosmarin-Butter garnieren und mit je ½ Rosmarinzweig dekorieren.

LEBKUCHEN-SCHOKOLADEN-LAYERCAKE

FÜR 1 KUCHEN

FÜR DIE SCHOKOLADENMOUSSE

200 g Sahne
100 g Vollmilchkuvertüre
1 Pck. Sahnesteif
60 g Mascarpone

FÜR DEN TEIG

75 g Mehl (Type 405)
115 g gemahlene Haselnusskerne
350 g Zucker, 65 g Kakaopulver
1 TL Maisstärke, 3 TL Backpulver
Salz, 2 TL Lebkuchengewürz
240 ml Buttermilch
50 ml Olivenöl
2 Eier (Größe M)

FÜR DIE CRANBERRYS

125 g getrocknete Cranberrys
15 g Puderzucker, 2 EL Zucker

FÜR DIE SCHOKOLADENCREME

100 g weiße Kuvertüre
250 g Mascarpone
30 g Puderzucker

AUSSERDEM

2 Backformen (ø 20 cm)
Butter und Mehl für die Formen

Für die Schokoladenmousse die Sahne in einen Topf geben, erwärmen und die Vollmilchkuvertüre darin schmelzen. Mehrere Stunden im Kühlschrank abkühlen lassen. Die abgekühlte Schokoladensahne mit dem Sahnesteif steif schlagen. Die Mascarpone mit dem Handrührgerät glatt rühren und die Schokoladensahne löffelweise unterheben. Bis zur Verwendung in den Kühlschrank stellen.

Den Ofen auf 160 °C Umluft vorheizen. Die beiden Backformen einfetten und mehlen.

Mehl, gemahlene Haselnüsse, Zucker, Kakaopulver, Stärke, Backpulver, 1 TL Salz und Lebkuchengewürz in einer großen Schüssel gut miteinander mischen. Die Buttermilch und das Olivenöl hinzufügen und mit den trockenen Zutaten verrühren. Die Eier einzeln unterziehen. Den Teig auf die beiden Formen aufteilen und im vorgeheizten Ofen etwa 30 Minuten backen. Herausnehmen und vollständig auskühlen lassen.

Die getrockneten Cranberrys mit 100 ml Wasser und dem Puderzucker in einen Topf geben, aufkochen und sanft köcheln lassen, bis die Flüssigkeit verdampft ist. Die Cranberrys auf einem Teller im Kühlschrank vollständig auskühlen lassen. Anschließend mit dem Zucker mischen.

Die weiße Kuvertüre in einem Wasserbad schmelzen, dann vollständig abkühlen lassen. Die Mascarpone mit dem Puderzucker glatt rühren. Die abgekühlte weiße Schokolade unter die Mascarpone rühren und bis zur Verwendung kühl lagern.

Die beiden Kuchen waagerecht halbieren. Eine Schicht auf eine Servierplatte legen und mit ⅓ der Schokomousse bestreichen. Mit einer zweiten Kuchenschicht bedecken und so weiter verfahren, bis man mit der letzten Kuchenschicht abschließt. Dann zunächst eine dünne Schicht der weißen Schokoladencreme ringsherum und oben auf dem Kuchen auftragen. Den Kuchen 10 Minuten kühl stellen, anschließend die restliche Creme auf dem Kuchen verteilen. Dabei die Creme oben auf dem Kuchen großzügiger auftragen und an den Seiten den braunen Schokoteig leicht durchschimmern lassen. Den Kuchen mit den gezuckerten Cranberrys dekorieren und bis zum Servieren kühl stellen.

BROMBEER-THYMIAN-DRINK

FÜR 4 DRINKS

8 Zweige Thymian

200 g Brombeeren +
12 Brombeeren zum Garnieren

200 g Zucker

0,75 l Champagner
(alternativ Rosé Prosecco;
eisgekühlt)

Die Thymianzweige waschen und trocken schütteln. Die Beeren waschen, verlesen und, bis auf die Beeren zum Garnieren, mit 180 ml Wasser, Zucker und 4 Zweigen Thymian in einen Topf geben. Zum Köcheln bringen und etwa 10 Minuten sanft köcheln lassen.

Den Brombeer-Thymian-Sirup durch ein Sieb passieren. In einem Gefäß im Kühlschrank aufbewahren.

Zum Servieren etwa ein Drittel der Gläser mit dem Brombeer-Thymian-Sirup füllen und anschließend mit Champagner oder Rosé Prosecco aufgießen. Mit den restlichen Thymianzweigen und Brombeeren garnieren.

TIPP | Wer einen nicht-alkoholischen Drink möchte, kann den Sirup auch mit eiskaltem Mineralwasser aufgießen.

FÜR EIN PERFEKTES TIMING

EDLES SILVESTERMENÜ

Selleriesuppe mit Gremolata und Pumpernickel-Croûtons, S.150

Orangen-Rosmarin-Granita, S. 152

Rinderfilet mit Bacon-Rosmarin-Butter und Pilzrahm auf krossen Kartoffeln, S. 154

Lebkuchen-Schokoladen-Layercake, S. 158

Brombeer-Thymian-Drink, S. 160

MENÜ-VARIATIONEN

Wer die Aromen von Lebkuchen und Schokolade liebt, aber ein klassisches Dessert einem Layercake vorzieht, kann auch den Lebkuchen-Schokopudding mit Spekulatiusbröseln (siehe S. 110) aus dem Menü Weihnachten für Groß & Klein zubereiten. Statt der Selleriesuppe passt zu diesem Menü auch prima die cremige Pastinakensuppe mit Rosmaringarnelen und Grissini aus dem edlen Weihnachtsmenü (siehe S. 12).

HÖCHSTENS 1 WOCHE VORHER

- Die Orangen-Rosmarin-Granita zubereiten und im Gefrierfach aufbewahren.

HÖCHSTENS 3 TAGE VORHER

- Den Brombeer-Thymian-Sirup für den Drink zubereiten und kühl aufbewahren.
- Für den Hauptgang die Bacon-Rosmarin-Butter zubereiten und im Kühlschrank aufbewahren.

AM FESTTAG

- Den Lebkuchen-Schokoladen-Layercake zubereiten und im Kühlschrank aufbewahren.
- Das Sellerie-Parmesan-Süppchen zubereiten und im Kühlschrank aufbewahren.

1–2 STUNDEN VORHER

- Die Toppings für die Vorspeise vorbereiten: Das Petersilienöl zubereiten und im Kühlschrank aufbewahren. Die Pumpernickel-Croûtons zubereiten und luftdicht verschlossen aufbewahren. Die Walnüsse für die Petersilien-Walnuss-Gremolata rösten.
- Die krossen Kartoffeln für den Hauptgang zubereiten und warm halten.

KURZ BEVOR DIE GÄSTE KOMMEN

- Petersilie für die Petersilien-Walnuss-Gremolata vorbereiten und mit den Walnüssen mischen, luftdicht verschlossen aufbewahren.
- Das Rinderfilet aus dem Kühlschrank nehmen, damit es Zimmertemperatur annehmen kann.
- Den Pilzrahm zubereiten und warm halten.

À LA MINUTE

- Wenn die Gäste da sind: Das Rinderfilet anbraten und 30 Minuten im Ofen garen.
- Den Drink mixen und servieren.
- Die Selleriesuppe erhitzen.
- Die Vorspeise anrichten und servieren (Selleriesuppe, Petersilienöl, Petersilien-Walnuss-Gremolata, Pumpernickel-Croûtons).
- Den Zwischengang (Orangen-Rosmarin-Granita) anrichten und servieren.
- Das Dessert aus dem Kühlschrank nehmen.
- Den Hauptgang anrichten und servieren (Rinderfilet, Bacon-Rosmarin-Butter, Pilzrahm, krosse Kartoffeln).
- Das Dessert (Layercake) servieren.

GRÜNES SILVESTER

Ein wundervolles Menü, um den letzten Abend des Jahres mit Genuss und ohne Reue zu feiern. Wer sich an den Feiertagen auch nach einem mehrgängigen Essen rundherum fit und gesund fühlen möchte, entscheidet sich für dieses Menü. Ein knackiger Fenchelsalat mit Früchten und Nüssen bildet den Auftakt. Eine cremige, leicht scharfe Suppe macht wohlig warm ums Herz und bildet einen guten Übergang zum köstlich-knackigen Hauptgang mit jeder Menge Gemüse und Hummus. Die Bliss Balls zum Abschluss sind unglaublich lecker und geben noch mal viel Energie, damit die letzten Stunden des Jahres auch gebührend gefeiert werden können. Ein leichter, genussvoller und gesunder Ausklang für ein wundervolles Jahr.

Zubereitungszeit ca. 3 Stunden für das komplette Menü

VORSPEISE

Fenchelsalat mit Orange, Granatapfel und Pistazien-Petersilien-Creme

ZWISCHENGANG

Süßkartoffelsuppe mit gerösteten Kichererbsen und Koriander

HAUPTGANG

Möhrennudel-Salat mit Erdnüssen, Hummus und Maisscheiben

DESSERT

Weihnachtliche Bliss Balls mit Orangenschale

GETRÄNK

Birne-Salbei-Drink mit Champagner

FENCHELSALAT MIT ORANGE, GRANATAPFEL UND PISTAZIEN-PETERSILIEN-CREME

FÜR 4 PERSONEN

FÜR DIE PISTAZIEN-PETERSILIEN-CREME

2 EL geröstete und gesalzene Pistazienkerne

120 g Soja-Joghurtalternative

½ Bund glatte Petersilie

Salz (nach Belieben)

FÜR DEN FENCHELSALAT

1 kleine Bio-Orange

30 g Zucker

1 kleiner Fenchel

1 EL Olivenöl

Meersalz

½ Bund glatte Petersilie

½ Granatapfel

4 EL geröstete und gesalzene Pistazienkerne

Für die Pistazien-Petersilien-Creme die Pistazien mit dem Joghurt in einen hohen Becher geben. Die Petersilie waschen, trocken schütteln und Blätter und Stiele grob hacken. Ebenfalls in den Becher geben und alles mit dem Stabmixer zu einer feinen Creme pürieren. Je nach Salzgehalt der Pistazien eventuell noch etwas salzen.

Die Orange waschen und in 4 dünne Scheiben schneiden. Den Zucker mit 30 ml Wasser in eine Pfanne geben, die Orangenscheiben hineinlegen und bei mittlerer Hitze karamellisieren.

Den Fenchel putzen und in feine Scheiben hobeln. Mit Olivenöl und ¼ TL Salz mischen. Die Petersilie waschen, trocken schütteln und grob hacken. Die Granatapfelkerne auslösen.

Zum Servieren je 1 Orangenscheibe auf einen Teller setzen und den Fenchel darauf verteilen. Die Petersilie auf dem Fenchel verteilen, alles mit Granatapfelkernen und Pistazien garnieren und Tupfer von der Pistazien-Petersilien--Creme dazusetzen.

Süßkartoffel | Kurkuma | Cashewkern | Kichererbse | Koriander

SÜSSKARTOFFELSUPPE MIT GERÖSTETEN KICHERERBSEN UND KORIANDER

FÜR 4 PERSONEN

FÜR DIE SUPPE

900 g Süßkartoffeln

1 Zwiebel

2 TL Kokosöl

120 g geröstete und gesalzene Cashewkerne

3 TL Currypulver

1 TL gemahlene Kurkuma

1,2 l Kokosmilch

800 ml Gemüsebrühe

Meersalz

½ TL Cayennepfeffer

FÜR DAS TOPPING

1 EL Kokosöl

250 g Kichererbsen (Dose)

4 EL Ketjap Asin

1 Msp. gemahlener Zimt

½ Bund Koriandergrün

Für die Suppe die Süßkartoffeln schälen und würfeln. Die Zwiebel schälen und fein würfeln. Das Kokosöl in einem Topf erhitzen und die Zwiebeln mit Cashewkernen, Currypulver und Kurkuma bei mittlerer Hitze darin anrösten. Die Süßkartoffelwürfel hinzufügen und kurz mitrösten, dann mit Kokosmilch und Brühe ablöschen. Die Suppe etwa 15 Minuten offen köcheln lassen. Anschließend pürieren und mit 1 TL Salz und Cayennepfeffer abschmecken.

Für das Topping das Kokosöl in einer Pfanne erhitzen und die Kichererbsen 2 Minuten darin anrösten. Mit Ketjap Asin ablöschen und unter Rühren reduzieren. Mit Zimt würzen.

Den Koriander waschen, trocken schütteln, Blätter und Stiele grob hacken. Die heiße Suppe mit den Kichererbsen und dem Koriander garnieren.

MÖHRENNUDEL-SALAT MIT ERDNÜSSEN, HUMMUS UND MAISSCHEIBEN

FÜR 4 PERSONEN

FÜR DEN MÖHRENNUDEL-SALAT

50 g Pinienkerne

1 ½ EL Kokosöl

280 g Mais (Dose)

2 EL Sojasauce

½ TL Cayennepfeffer

200 g Sprossen (z. B. Mungobohnen, Rettich, Alfalfa)

1 Bund glatte Petersilie

1 Bund Koriandergrün

50 g geröstete und gesalzene Erdnusskerne

Himalayasalz (alternativ Meersalz)

1 TL Koriandersamen

1 EL Hefeflocken (nach Belieben)

1 Bio-Orange

500 g Möhren

Für den Möhrennudel-Salat die Pinienkerne in einer Pfanne ohne Fett rösten, dann in eine große Schüssel geben. In der Pfanne ½ EL Kokosöl erhitzen und den Mais darin bei mittlerer Hitze 2–3 Minuten anrösten, mit Sojasauce ablöschen und mit ¼ TL Cayennepfeffer würzen. Kurz reduzieren lassen, dann den Mais zu den Pinienkernen in die Schüssel geben.

Die Sprossen, Petersilie und Koriander waschen und trocken schütteln. Petersilie und Koriander mitsamt den Stielen hacken, dann mit den Sprossen und den Erdnüssen ebenfalls in die Schüssel geben. Den Salat mit ½ TL Salz, zerstoßenen Koriandersamen und Hefeflocken nach Belieben sowie dem restlichen Cayennepfeffer (¼ TL) würzen. Wer es schärfer mag, kann auch gern mehr Cayennepfeffer verwenden. Die Bio-Orange waschen und die Schale in den Salat fein abreiben.

Die Möhren mithilfe eines Spiralschneiders in Spiralnudeln schneiden. In einer Pfanne 1 EL Kokosöl erhitzen und die Möhrenspiralen darin 1 Minute andünsten. Mit Himalayasalz würzen. Die Möhrennudeln zum Salat geben und alles gut vermischen.

Weiter geht's auf der nächsten Seite.

FÜR DAS HUMMUS

½ Zitrone

260 g Kichererbsen (Dose)

65 ml Olivenöl

½ TL Salz

½ TL gemahlener Kreuzkümmel

1 EL Tahin (Sesammus)

FÜR DIE MAISSCHEIBEN

1 TL Kokosöl

1 Maiskolben (vorgekocht)

½ TL rosenscharfes Paprikapulver

Himalayasalz (alternativ Meersalz)

AUSSERDEM

Spiralschneider

Für das Hummus die Zitrone auspressen. Die Kichererbsen mit Olivenöl, 3 EL Wasser, Salz, Kreuzkümmel, Tahin und Zitronensaft zu einer glatten Creme mixen.

Für die Maisscheiben das Kokosöl in einer Pfanne erhitzen und den Maiskolben darin von allen Seiten scharf anrösten. Mit Paprikapulver und ½ TL Salz würzen. Dann herausnehmen und in 8 Scheiben schneiden.

Den Salat mit dem Hummus auf Tellern anrichten, mit je 2 Maisscheiben garnieren und servieren.

Haselnuss | Lebkuchengewürz | Orange

WEIHNACHTLICHE BLISS BALLS MIT ORANGENSCHALE

FÜR 4 PERSONEN

FÜR DIE BLISS BALLS

120 g Haselnusskerne

1 Bio-Orange

90 g getrocknete Datteln (entkernt)

2 EL Kakaopulver

1 TL Ahornsirup

1 TL gemahlener Zimt

1 ½ TL Lebkuchengewürz

Salz

ZUM GARNIEREN

50 g Vollmilchkuvertüre

1 TL kandierter Ingwer

1 TL getrocknete Blüten

2 EL Kakaopulver

1 TL Kokosraspel

Die Haselnüsse in einer Pfanne ohne Fett wenige Minuten unter gelegentlichem Rühren rösten. Die Orange waschen, die Schale fein abreiben. Haselnüsse mit Datteln, Kakaopulver, Ahornsirup, Zimt, Lebkuchengewürz, 1 Prise Salz und Orangenschale in einen Hochleistungsmixer geben und zu einer homogenen Masse mixen. Die fertige Masse mit den Händen zu kleinen Bällchen formen.

Die Bällchen kann man pur genießen, in verschiedenen Pulvern wälzen oder mit Schokolade überziehen. Ich habe eine bunte Mischung gemacht.

Zum Garnieren die Kuvertüre über einem Wasserbad schmelzen und den Ingwer hacken. Die Hälfte der Bliss Balls in die Kuvertüre tauchen. Auf einen mit Backpapier belegten Teller setzen. Mit Ingwer oder Blüten garnieren, solange die Schokolade noch weich ist. Von den verbliebenen Bliss Balls wiederum die Hälfte in Kakaopulver wälzen, einen kleinen Klecks der restlichen Kuvertüre darauf setzen und mit Blüten oder Ingwer garnieren. Den Rest der Bällchen in Kokosraspeln wälzen.

Die Bällchen halten sich in einem luftdicht verschlossenen Gefäß einige Tage im Kühlschrank.

Mag kann die Bliss Balls nach Lust und Laune abwandeln. Beispielsweise kann man statt der Haselnüsse auch andere Nüsse nehmen. Auch bei den Gewürzen kann man wunderbar experimentieren. Ingwer eignet sich prima. Und statt des kandierten Ingwers kann man natürlich auch kandierte Früchte verwenden.

BIRNE-SALBEI-DRINK MIT CHAMPAGNER

FÜR 4 PERSONEN

FÜR ETWA 130 ML SIRUP

500 g Birnen

2 große Stängel Salbei

90 g Vollrohrzucker

ZUM SERVIEREN

Eiswürfel

0,75 l Champagner (alternativ Mineralwasser; eisgekühlt)

einige Salbeiblätter

Die Birnen waschen und in grobe Stücke schneiden. Den Salbei waschen. Birnen und Salbei mit 1 l Wasser in einen Topf geben, abgedeckt einmal aufkochen und ungefähr 30 Minuten sanft weiterköcheln lassen.

Den entstandenen Saft durch ein Sieb gießen, um die festen Bestandteile zu entfernen, und den Saft auffangen. Den Birnensaft erneut in einen Topf geben und mit dem Zucker etwa 35 Minuten bei mittlerer Hitze zu einem Sirup einköcheln lassen. Den Sirup noch heiß in ein sauberes Glasgefäß gießen, abkühlen lassen und im Kühlschrank aufbewahren.

Zum Servieren Eiswürfel in die Gläser geben, etwas Sirup hineingießen und je nach Geschmack mit Champagner oder Mineralwasser aufgießen und mit zerpflückten Salbeiblättern dekorieren.

FÜR EIN PERFEKTES TIMING

GRÜNES SILVESTER

Fenchelsalat mit Orange, Granatapfel und Pistazien-Petersilien-Creme, S. 166

Süßkartoffelsuppe mit gerösteten Kichererbsen und Koriander, S. 168

Möhrennudel-Salat mit Erdnüssen, Hummus und Maisscheiben, S. 170

Weihnachtliche Bliss Balls mit Orangenschale, S. 174

Birne-Salbei-Drink mit Champagner, S. 176

MENÜ-VARIATIONEN

Ihr findet das vegetarische Silvestermenü toll, braucht aber im Hauptgang etwas Reichhaltigeres? Wie wäre es mit der Röstgemüse-Quiche auf Wildkräutersalat aus dem Veganen Menü (siehe S. 92)? Oder mit dem gefüllten Kürbis mit Kichererbsen-Quinoa, Nüssen und Mandelcreme (siehe S. 90)? Das Rezept ist zwar der Zwischengang im Veganen Menü, ist aber auch eine tolle Variante für einen Hauptgang.

AM VORTAG

- Den Birne-Salbei-Sirup für den Drink zubereiten. In einem geschlossenen Glasgefäß aufbewahren.
- Für den Zwischengang die Süßkartoffelsuppe zubereiten und im Kühlschrank aufbewahren.
- Den Champagner für den Drink kühl stellen.
- Eiswürfel für den Drink vorbereiten.

AM FESTTAG

- Für die Vorspeise die karamellisierten Orangen zubereiten und luftdicht verschlossen aufbewahren.
- Für den Hauptgang den Hummus zubereiten und kühl aufbewahren.
- Die Bliss Balls fürs Dessert zubereiten und luftdicht verschlossen aufbewahren.

1–2 STUNDEN VORHER

- Für die Vorspeise die Pistazien-Petersilien-Creme vorbereiten und kühl stellen.
- Für den Zwischengang die gerösteten Kichererbsen zubereiten und luftdicht verschlossen aufbewahren.
- Den Hauptgang zubereiten, bis auf die Maisscheiben, aber noch nicht anrichten.

À LA MINUTE

- Wenn die Gäste da sind: Den Drink aufgießen, garnieren und servieren.
- Den Fenchelsalat für die Vorspeise zubereiten.
- Die Vorspeise (Fenchelsalat, karamellisierte Orangen, Pistazien-Petersilien-Creme, Granatapfel, Pistazien) anrichten und servieren.
- Die Süßkartoffelsuppe erhitzen.
- Das Koriander-Topping für die Suppe fertigstellen.
- Den Hummus aus dem Kühlschrank nehmen, damit er Zimmertemperatur annimmt.
- Den Zwischengang (Süßkartoffelsuppe, Kichererbsen, Koriander) anrichten und servieren.
- Die Maisscheiben für den Hauptgang rösten.
- Den Hauptgang (Möhrennudel-Salat, Hummus, Maisscheiben) anrichten und servieren.
- Das Dessert (Bliss Balls) servieren.

SILVESTER QUICK AND EASY

Ihr möchtet nicht so viel Zeit in der Küche verbringen und trotzdem den Jahresausklang mit einem leckeren Menü feiern? Dann empfehle ich euch diese Rezepte: super schnell, easy vorzubereiten – und trotzdem edel und einfach nur köstlich. Knusprige Chips mit Ziegenfrischkäse und Kaviar läuten die letzten Stunden des Jahres ein. Im Hauptgang wird edle Pasta mit Trüffelsahne von Riesengarnelen, kandiertem Salbei und Pecorino gekrönt. Der Schoko-Zimt-Gugelhupf mit Gewürzbeerenglasur ist ein köstlicher Nachtisch, den ihr super vorbereiten könnt. Wenn eure Gäste davon noch etwas übrig lassen, ist der Gugelhupf in den frühen Morgenstunden gleich ein süßer Jahresstart. Ich wünsche euch mit diesem Menü ein paar wundervolle letzte Stunden im alten Jahr … und eine zauberhafte Feier ins neue.

Zubereitungszeit ca. 2,5 Stunden für das komplette Menü

VORSPEISE

Zimtige Süßkartoffelchips mit Ziegenfrischkäse und Kaviar

HAUPTGANG

Pasta mit Trüffelsahne, Riesengarnelen, Salbei und Pecorino

DESSERT

Schoko-Zimt-Gugelhupf mit Gewürzbeeren-Glasur

GETRÄNK

Gewürzbeeren-Champagner-Drink

ZIMTIGE SÜSSKARTOFFELCHIPS MIT ZIEGENFRISCHKÄSE UND KAVIAR

FÜR 4 PERSONEN

200 g Süßkartoffel

4 EL Olivenöl

Meersalz

200 g Ziegenfrischkäse

1 TL Honig

100 g Schmand

½ Bund Schnittlauch, plus etwas mehr zum Garnieren

Kaviar (nach Belieben)

Den Ofen auf 180 °C Ober-/Unterhitze vorheizen. Ein Backblech mit Backpapier belegen.

Für die Süßkartoffelchips die Kartoffel waschen und mitsamt der Schale in sehr dünne Scheiben schneiden oder hobeln. Das Olivenöl in einer großen Schüssel mit 1 TL Salz verrühren und die Süßkartoffelscheiben darin wenden, bis sie rundum von Öl überzogen sind. Die Scheiben nebeneinander auf das Backblech legen, sie sollten sich nicht überlappen oder gar übereinander liegen. Im Ofen (Mitte) etwa 8–10 Minuten knusprig backen. Herausnehmen und auskühlen lassen, die Chips werden dabei noch knuspriger.

Für die Frischkäsecreme den Ziegenfrischkäse in eine Schüssel geben und mit Honig und Schmand glatt rühren. Den Schnittlauch waschen, trocken schütteln, in feine Röllchen schneiden und unter die Creme rühren.

Jeweils 1 TL Ziegenfrischkäsecreme auf einen Süßkartoffelchip setzen. Mit der gewünschten Menge Kaviar und etwas Schnittlauch garnieren.

PASTA MIT TRÜFFELSAHNE, RIESENGARNELEN, SALBEI UND PECORINO

FÜR 4 PERSONEN

FÜR DEN KANDIERTEN SALBEI

1 Bund Salbei

2 EL Öl

2 EL Zucker

FÜR DIE PASTA

400 g Pasta (z. B. breite Bandnudeln)

100 g Pecorino

FÜR DIE SAUCE

2 Knoblauchzehen

1 Zwiebel

½ EL Öl

2 Stängel Salbei

400 g Sahne

Salz

½ TL Kubebenpfeffer

4 EL fein geriebener Pecorino

30 g Trüffel

FÜR DIE GARNELEN

8 Riesengarnelen (mit Schale, Darm entfernt)

½ TL Öl, Meersalz

Den Salbei waschen und gut trocken tupfen, die Blätter abzupfen. Das Öl in der Pfanne erhitzen und die Salbeiblätter darin von jeder Seite etwa 10 Sekunden frittieren. Den Zucker und 2 EL Wasser hinzufügen und den Salbei karamellisieren. Herausnehmen und auf einem Teller auskühlen lassen.

Die Nudeln in kräftig gesalzenem Wasser sehr al dente kochen. Währenddessen den Pecorino reiben und beiseitestellen.

Für die Sauce den Knoblauch mit der Schale andrücken, die Zwiebel schälen und halbieren und beides in einer großen Pfanne mit dem Öl sanft anrösten. Den Salbei waschen, trocken tupfen und als Ganzes ebenfalls in die Pfanne geben. Mit der Sahne ablöschen und 2–3 Minuten sanft köcheln lassen. Mit 1 TL Salz und Kubebenpfeffer würzen und den Salbei wieder entfernen. Den Pecorino hinzugeben und in der Sauce schmelzen lassen. Kurz beiseitestellen.

Die Riesengarnelen waschen und trocken tupfen. Das Öl in einer Pfanne erhitzen und die Garnelen darin bei starker Hitze von jeder Seite 1–2 Minuten braten. Mit ½ TL Meersalz würzen.

Die tropfnassen Nudeln in die Sauce geben und gut durchrühren, bis die Sauce sich um alle Nudeln gelegt hat. Den Trüffel in dünne Scheiben hobeln und ⅔ unter die Sauce rühren.

Die Nudeln auf Tellern anrichten und mit den restlichen Trüffelscheiben garnieren. Die Riesengarnelen und den kandierten Salbei auf den Nudeln anrichten. Mit geriebenem Pecorino servieren.

SCHOKO-ZIMT-GUGELHUPF MIT GEWÜRZBEEREN-GLASUR

FÜR 1 GUGELHUPF

FÜR DEN GUGELHUPF

100 g Butter

50 g Zuckerrübensirup

100 g Karamell

190 g Rohrzucker

145 g Mehl (Type 405)

70 g Kakaopulver

1 TL Backpulver

Salz

1 TL gemahlener Zimt

60 ml Milch

2 Eier (Größe M)

50 g Kuvertüre

FÜR DIE GLASUR

160 g gemischte TK-Beeren

250 g Zucker

1 Sternanis, 5 Nelken

½ TL gemahlener Zimt

2 Pimentkörner

100 g Puderzucker

AUSSERDEM

Gugelhupfform (ø 20 cm)

Butter und Mehl für die Form

Für den Gugelhupf den Ofen auf 180 °C Ober-/Unterhitze vorheizen. Die Gugelhupfform buttern und mehlen.

Die Butter mit Zuckerrübensirup, Karamell, Rohrzucker und 50 ml Wasser in einen Topf geben und erhitzen, bis der Zucker geschmolzen ist. Die Mischung in eine große Schüssel geben und etwas abkühlen lassen. In einer kleinen Schüssel Mehl, Kakao, Backpulver, ½ TL Salz und Zimt vermengen.

Milch und Eier unter die leicht abgekühlte Zuckerrübenmischung rühren. Anschließend die Mehlmischung vorsichtig unterziehen, aber nur so lange rühren, bis sich alles so eben verbunden hat. Die Kuvertüre fein hacken und unterheben. Den Teig in die Gugelhupfform geben und im vorgeheizten Ofen (Mitte) 40 Minuten backen. Herausnehmen und abkühlen lassen.

In der Zwischenzeit für die Glasur Beeren, Zucker und 300 ml Wasser in einen Topf geben. Sternanis, Nelken, Zimt und Piment hinzufügen und alles 30 Minuten sanft köcheln lassen. Die Mischung abkühlen lassen, pürieren und durch ein Haarsieb passieren. Den Sirup dabei auffangen.

Den Puderzucker mit 30 ml Sirup glatt rühren und den Gugelhupf mit der Puderzuckerglasur nach Belieben verzieren. Den restlichen Gewürzbeerensirup für den Drink (S. 188) verwenden.

GEWÜRZBEEREN-CHAMPAGNER-DRINK

FÜR 4 GLÄSER

½ Zitrone

1 EL weißer Zucker

2 EL pinkfarbener Zucker

8 EL Gewürzbeerensirup (siehe Dessert S. 186)

0,75 l Champagner (alternativ Mineralwasser; eisgekühlt)

Erst kurz vor dem Servieren des Drinks die Gläser mit dem Zuckerrand verzieren. Dazu die Zitrone auspressen und den Saft auf einen kleinen Teller geben, sodass er 1–2 mm hochsteht. Die beiden Zuckersorten mischen und auf einen weiteren Teller geben. Ein Glas zunächst umgedreht auf den Teller mit Zitronensaft stellen, sodass der Rand befeuchtet wird. Dann in den Zucker drücken und dabei leicht drehen. Mit allen Gläsern so verfahren.

Für den Gewürzbeeren-Champagner-Drink jeweils 2 EL Gewürzbeerensirup in ein Glas geben und mit der gewünschten Menge Champagner aufgießen. Der Drink schmeckt aber auch mit Mineralwasser köstlich.

Rosmarin-Eiswürfel machen sich wunderbar in diesem Drink. Hierfür Stücke von Rosmarinzweigen in Eiswürfelbehälter geben, mit Wasser aufgießen und einfrieren. Der Gewürzbeerensirup passt auch auch prima zu Gin oder Wodka.

FÜR EIN PERFEKTES TIMING

SILVESTER QUICK AND EASY

Zimtige Süßkartoffelchips mit Ziegenfrischkäse und Kaviar, S. 182

Pasta mit Trüffelsahne, Riesengarnelen, Salbei und Pecorino, S. 184

Schoko-Zimt-Gugelhupf mit Gewürzbeeren-Glasur, S. 186

Gewürzbeeren-Champagner-Drink, S. 188

MENÜ-VARIATIONEN

Ihr seid euch nicht sicher, ob alle Gäste Garnelen mögen? Dann ersetzt ihr den Pastagang durch die Linguine alla carbonara mit Orange und Pancetta-Brot-Bröseln aus dem Schnellen Weihnachtsmenü (siehe S. 30). Sie sind super quick und easy und unglaublich lecker. Oder soll es statt der Süßkartoffeln eine warme Suppe sein? Dann empfehle ich die Shots aus Süßkartoffelsuppe mit Parmesanschaum, Krabbenchips und Garnelen. Das Rezept dazu findet ihr im Fischmenü (siehe S. 60).

AM VORTAG

- Den Schoko-Zimt-Gugelhupf backen.
- Den Gewürzbeeren-Sirup für den Schoko-Zimt-Gugelhupf zubereiten und kühl stellen.
- Champagner oder Mineralwasser für den Begrüßungsdrink kühl stellen.

AM FESTTAG

- Die Süßkartoffelchips zubereiten und luftdicht verschlossen aufbewahren.
- Die Ziegenfrischkäsecreme zubereiten und im Kühlschrank aufbewahren.

1–2 STUNDEN VORHER

- Für das Dessert die Gewürzbeeren-Glasur zubereiten und den Schoko-Zimt-Gugelhupf damit verzieren.
- Den Pecorino für den Hauptgang reiben und luftdicht verschlossen im Kühlschrank aufbewahren.
- Den kandierten Salbei für den Hauptgang zubereiten und luftdicht verschlossen aufbewahren.

À LA MINUTE

- Wenn die Gäste kommen: Den Zuckerrand für den Gewürzbeeren-Champagner-Drink vorbereiten.
- Den Begrüßungsdrink mischen, in die vorbereiteten Gläser geben und servieren.
- Die Vorspeise (Süßkartoffelchips, Ziegenfrischkäse, Kaviar, Schnittlauch) anrichten und servieren.
- Den Hauptgang zubereiten, anrichten (Pasta, Trüffelsahne, Riesengarnelen, kandierter Salbei, Pecorino) und servieren.
- Das Dessert (Schoko-Zimt-Gugelhupf) servieren.

REGISTER

F

H

T

W

Z

ÜBER DIE AUTORIN

Katharina Küllmer ist es eine Herzensangelegenheit, ihre Liebe zu gutem Essen weiterzugeben. Mit ihren Kochbüchern möchte sie den Lesern Mut machen, Gewürze und Zutaten spielerisch zu kombinieren und Ungewöhnliches zu wagen.

Die Food-Fotografin, Rezeptentwicklerin und Food-Stylistin arbeitet seit Jahren für die auflagenstärksten Food-Zeitschriften, ist als Expertin bei verschiedenen Fernseh-Formaten gefragt und setzt für viele Unternehmen spannende Fotoprojekte rund um die Themen Essen und Genuss um.

Für ihre eigenen Bücher kocht, fotografiert und schreibt Katharina voller Leidenschaft und Hingabe und verzaubert mit ihren unverwechselbaren Bildern und ihrem ganz eigenen Kochstil viele Leser.

DANKSAGUNG

Auch dieses Kochbuch wäre ohne die vielen lieben Menschen an meiner Seite nicht denkbar gewesen.

Größter Dank gilt meinem *Mann Michael.* Wieder einmal hast Du mich liebevoll bei einem großen Buchprojekt unterstützt, mein Schatz. Mit unglaublicher Geduld hast du meine zahllosen Überstunden und die vielen arbeitsreichen Wochenenden akzeptiert und mir die Kraft gegeben, auch die stressigsten Situationen zu meistern. Du bist es, der mich aufbaut und zum Lachen bringt. Danke für Dein Verständnis und Deine Liebe, danke für einfach alles.

Ebenso möchte ich meiner *Mama Conny* von ganzem Herzen danken. Mama, nur durch Deine Unterstützung kann ich solch große Kochbuch-Projekte mit meinem wichtigsten Job, dem Job als Mama einer wundervollen Tochter, vereinbaren. Deine ausdauernde und liebevolle Unterstützung sind etwas ganz Besonderes, und ich danke Dir von Herzen.

Danke an mein *Mariechen,* das bezauberndste, tollste und kreativste Mädchen der Welt. Du erdest mich und zeigst mir, was im Leben wirklich wichtig ist. Alle Buchprojekte der letzten Jahre hast du geduldig mitgemacht, und ganz besonders bei diesem Buch warst Du oft an meiner Seite, warst meine kleine Assistentin und tollstes Hand-Model. Du machst mich unendlich glücklich, mein Kind.

Danke an meinen *Papa* – Dein Glaube an mich gibt mir Kraft. Danke an meinen *Zweitpapa Heinz*: Deine große Begeisterung für meine Arbeit spornt mich immer wieder an.

Danke an meine *Freundin Marina.* Deine lieben Worte und Deine Freundschaft bedeuten mir viel.

Danke an meinen *Bruder Christian und meine Schwägerin in spe Joanna* fürs Mitfiebern, Daumendrücken, Durchtesten meiner Rezepte und Eure liebevollen Worte.

Danke an meine *Omi* für die Kraft, die Du mir schickst. Deine Freude an meinen Büchern macht mich glücklich.

Danke an viele *weitere Familienmitglieder und Freunde,* die mich unterstützen, mir zur Seite stehen und mich aufbauen. Eure lieben Worte beflügeln mich immer wieder.

Vielen Dank an meine *Lektorin Elke Sagenschneider.* Seit meinem ersten Kochbuch begleiten Sie mich und verwandeln meine langen Texte in eine wundervolle und harmonische Form. Wir sind ein tolles Team.

Vielen Dank an das großartige *Verlags-Team von EMF,* das hinter meinen Büchern steht. Ich danke Euch sehr für das große Vertrauen und die schöne Umsetzung meiner Ideen. Ihr alle gebt mir die Möglichkeit, meine Leidenschaft in wundervolle Kochbücher zu verwandeln, dafür bin ich euch dankbar.

WEITERE BÜCHER DER AUTORIN

AROMENFEUERWERK – VEGETARISCH – DIE NEUE GRÜNE KÜCHE
100 Rezepte mit spannenden Aromen, Kräutern und Gewürzen
240 Seiten, 21 x 26 cm
ISBN 978-3-96093-281-9
34,00 € (D) / 35,00 € (A)

AROMENFEUERWERK
Gerichte mit Gewürzen, Kräutern und Früchten
240 Seiten, 22 x 26 cm
ISBN 978-3-86355-449-1
29,99 € (D) / 30,90 € (A)

IMPRESSUM

Bibliografische Information der Deutschen Bibliothek.

Die Deutsche Bibliothek verzeichnet diese Publikation in der Deutschen Nationalbibliografie.

Detaillierte bibliografische Daten sind im Internet über http://www.dnb.de/ abrufbar.

EIN BUCH DER EDITION MICHAEL FISCHER

1. Auflage 2019

Projektleitung: Marline Ernzer
Covergestaltung, Layout und Satz: Bernadett Linseisen
Lektorat: Elke Sagenschneider Texte und Projekte, München
Texte und Fotografie: Katharina Küllmer, Espenau
Korrektorat: Susanne Harring, München

ISBN 978-3-96093-448-6

Gedruckt bei Polygraf Print, Čapajevova 44, 08001 Prešov, Slowakei

www.emf-verlag.de